# EL MUNDO DE LOS VIKINGOS

Curiosidades, Secretos y Verdades Detrás de estos Feroces Conquistadores

MATT HANSON

# Índice

## Introducción

Cada febrero, los escolares de York se visten con trajes vikingos tradicionales y esta ciudad del norte de Inglaterra celebra su Festival Vikingo de Jorvik. Se narran sagas, se recrean batallas y los barcos vikingos recorren el río Ouse.

Las violaciones y saqueos se han atenuado y los modernos comerciantes de York han adoptado a los vikingos con más entusiasmo que sus antepasados del siglo IX: en el momento de escribir estas líneas, los compradores de la tienda de diseño de la ciudad pueden diseñar una túnica vikinga, en Borders y Waterstones se exponen libros relacionados con los vikingos, en el cine local se proyecta The Vikings, protagonizada por Kirk Douglas y Tony Curtis, y las cafeterías y bares ofrecen una gran variedad de baguettes y bocadillos de temática vikinga. Los promotores del festival afirman que el evento se remonta a Jola-blot, un festival de mediados de invierno celebrado por "los vikingos originales", aunque en realidad se inventó en 1985, y marca el descenso anual de visitantes a Jorvik, la atracción turística de temática vikinga.

Es difícil escapar de los vikingos en York. Aunque el patrimonio visible de la ciudad se debe más a sus constructores romanos, normandos y medievales, al abrir una guía telefónica aparecen multitud de empresas vikingas: Jorvic Business Systems, Jorvik Cleaning Services, Yorvik Homes & Developments Ltd, Yorvik Shipping, Yorvik Refrigeration y la ominosa Viking School of Motoring, por nombrar sólo algunas. Está claro que los vikingos tienen una resonancia contemporánea, y no sólo en York. Se pueden encontrar reinvenciones similares en la Isla de Man, las Islas del Norte y Occidentales, en Normandía y Bretaña, al otro lado del Atlántico, en Norteamérica y en la propia Escandinavia.

El término *vikingo se* utilizó por primera vez en inglés antiguo. Sólo aparece tres veces en la Crónica anglosajona, donde se refiere a "ladrones", al parecer merodeadores costeros y no ejércitos terrestres. No se utilizó en otros países que sufrieron incursiones de Escandinavia, y los observadores occidentales dieron a los asaltantes muchos nombres diferentes. En algunos casos, lo importante era su religión, o la falta de ella, y se referían a ellos como paganos, paganos o gentiles. En los Anales irlandeses, a menudo se les consideraba simplemente diferentes y se les llamaba *gaill* o "extranjeros". En otros contextos, lo que interesaba era su lugar de procedencia, y se les llamaba *northmanni*, o *dani*, aunque estas etiquetas se utilizaban a menudo de forma indiscriminada, independientemente de su zona real de origen. Por último, puede que su función fuera la más destacada, como *piratas* o *científicos*.

Pero "vikingo" es un concepto nebuloso: en diferentes contextos, los vikingos han sido merodeadores, comerciantes, fabricantes, poetas, exploradores, demócratas, estadistas o guerreros. También es un concepto relativamente reciente: originalmente se utilizaba sólo para referirse a la actividad de los piratas, luego pasó a emplearse como término étnico para referirse a todo un pueblo y, más tarde, como etiqueta cronológica, dando nombre a la Era Vikinga. Con esta fluidez, no significaba lo mismo en la Escandinavia del siglo X, la Islandia del siglo XV y la Inglaterra del siglo XIX. De hecho, nuestro uso moderno de vikingo se debe más a reinvenciones posteriores que a una realidad original.

Este libro intentará deconstruir el término, pero también buscará

para demostrar por qué ha conservado su importancia.

Centrándose especialmente en los descubrimientos arqueológicos de los últimos 30 años, examinará lo que se sabe realmente sobre los pueblos que vivieron en Escandinavia en los siglos IX y X, las zonas que colonizaron y su relevancia en la actualidad.

# ¿Quiénes eran los vikingos?

VIKINGOS. Incluso hoy en día, la mera palabra evoca la imagen de hombres barbudos, sedientos de sangre, ataviados con cotas de malla y blandiendo hachas de guerra, que despedazaban a cualquiera que se interpusiera en su camino de pillaje y saqueo. Pero, ¿quiénes eran realmente los vikingos? ¿Merecían realmente la reputación de piratas codiciosos y saqueadores sin remordimientos? ¿O eran los vikingos de la antigua Escandinavia algo más que simples bárbaros y saqueadores?

Los vikingos eran un grupo de marinos nórdicos que hablaban la lengua nórdica antigua y procedían de tres países escandinavos: Dinamarca, Noruega y Suecia. La palabra "vikingo" en nórdico antiguo significa en realidad "incursión pirata"; a los guerreros que hacían incursiones en barcos se les describía como "ir de vikingos".

. . .

En la historia europea, la Era Vikinga abarcó aproximadamente desde el año 700 hasta el 1100 d.C.. Fue un periodo en el que los pueblos nórdicos disfrutaron de una importante expansión militar, económica, mercantil y demográfica. Gracias a sus avanzados conocimientos marinos y a sus barcos de gran eslora, muchos vikingos abandonaron Escandinavia y navegaron hacia Gran Bretaña, Irlanda y otras partes de Europa. En ocasiones, su presencia se extendió al Mediterráneo, el norte de África, Oriente Próximo y Asia Central. Y los vikingos no se limitaron a viajar a estos lugares: conquistaron y establecieron asentamientos, comunidades y estados en diversas zonas del noroeste de Europa, la Rusia europea, las islas del Atlántico Norte e incluso hasta la costa nororiental de Norteamérica.

La expansión de los vikingos difundió la cultura nórdica y también trajo influencias culturales extranjeras a Escandinavia, con profundas consecuencias históricas que tendrían eco en épocas medievales posteriores.

La concepción moderna y popular de los vikingos suele diferir mucho de la cultura real y compleja que revelan los hallazgos arqueológicos y otras fuentes históricas. Los vikingos han sido romantizados como nobles salvajes e intrépidos aventureros y vilipendiados como sanguinarios piratas.

Para apreciar realmente el profundo impacto que la cultura vikinga y su legado tuvieron en el desarrollo de la Europa medieval, debemos mirar más allá de los tópicos y estereotipos modernos y examinar los hechos reales sobre la rica, compleja y complicada cultura de los antiguos nórdicos.

## ¿Por qué hacían incursiones los vikingos?

Entre los pueblos de la época, los vikingos de Escandinavia no eran ciertamente la única cultura que asaltaba y saqueaba a sus vecinos. Pero los vikingos hacían incursiones con más frecuencia, y sus incursiones eran mucho más brutales -y brutalmente eficientes- que las llevadas a cabo por otras culturas. Existen muchos registros aterradores y desconsolados que describen escenas desgarradoras de lanchas vikingas que irrumpían entre las olas, liberando hordas de guerreros sedientos de sangre que aniquilaban a los defensores locales, arrasaban asentamientos y saqueaban fortalezas y monasterios de sus tesoros. Aunque los historiadores han desarrollado varias teorías opuestas a lo largo de los años, no existe una única explicación de por qué los vikingos saqueaban y hacían la guerra a sus vecinos con tanta frecuencia. En su lugar, los historiadores modernos recurren a una combinación de factores para explicar la predisposición de los vikingos al derramamiento de sangre.

Sin embargo, lo cierto es que uno de los mayores defectos de la literatura vikinga es centrarse en su aspecto guerrero.

Los vikingos también fueron grandes viajeros, exploradores y colonizadores. En busca de tierras fértiles y otros recursos, se aventuraron hacia el este a través de Rusia y llegaron a Constantinopla. Hacia el oeste, atravesaron el Atlántico Norte hasta Islandia, Groenlandia y Norteamérica.

La oportunidad de saquear no era la única razón de estos viajes. La evolución de la sociedad escandinava había provocado cambios demográficos y aumentos de población que generaron presiones para expandirse. Estas fueron las razones más importantes de los viajes de los vikingos.

Muy pocos textos históricos citan también las represalias contra la violenta imposición del cristianismo al pueblo nórdico como motivo de los ataques vikingos. Así pues, los historiadores han prestado relativamente poca atención a la mitología vikinga, pese a que los mitos son muy importantes para una comprensión completa de la cultura vikinga. Representan la religión nórdica autóctona y también se incorporaron a la tradición germánica. El legado de los vikingos es en gran parte fruto de su rica y compleja mitología.

Además, gran parte de lo que sabemos sobre los rituales, prácticas y actitudes de los vikingos procede de poemas, sagas y tratados islandeses y escandinavos que describen las hazañas y aventuras de un elaborado panteón de deidades.

Desarrolladas como una tradición oral durante la Era Vikinga y transmitidas de boca en boca y por crípticas runas, estas historias de héroes y seres monstruosos nos muestran que la mitología vikinga está inextricablemente entrelazada con la historia vikinga.

# 2

# Fuentes históricas

EL IDIOMA de los vikingos era el nórdico antiguo, que durante la época vikinga se escribía en forma de runas. Lo que sabemos de ellas procede de fuentes como manuscritos medievales, hallazgos arqueológicos y tradiciones populares supervivientes. Mucho se ha perdido, sin duda, y lo que nos ha llegado a través de las eras intermedias lo ha hecho gracias a la laboriosa lucha de varios historiadores por recopilar y compilar las variadas piezas de la historia vikinga, nórdica y germánica del norte.

La literatura en nórdico antiguo, desde el siglo IX hasta el XV d.C., es la que más ha contribuido a nuestra comprensión de la historia vikinga. Los islandeses y los escandinavos siguieron su religión tradicional durante mucho más tiempo que la mayoría de los pueblos germánicos. También conservaron mejor sus historias y costumbres, incluso después de que el cristianismo se convirtiera en la religión oficial (como ocurrió en Islandia en el año 1000 d.C.).

Los historiadores modernos consideran que los poemas, sagas y tratados en nórdico antiguo son los principales narradores de la historia escandinava.

Noruega e Islandia fueron también los principales centros de aparición de la literatura relacionada con la mitología vikinga. En Islandia, una floreciente tradición poética produjo dos grandes tesoros que arrojan luz sobre los propios mitos y su contexto histórico: la Edda Poética y la Edda en Prosa. Escritos principalmente en el siglo XIII por Snorri Sturluson (un erudito y político islandés) y varios autores anónimos, estos manuscritos recogen la rica tradición oral de los kennings y la poesía eskáldica.

## La Edda poética

Aunque el nombre "Edda" tiene su origen en Snorri Sturluson, los poemas de la Edda Poética (también conocida como la Edda Antigua) no son suyos. Escritos por autores anónimos para conmemorar la obra de poetas nórdicos más antiguos, contienen un tratamiento rico y minucioso de la historia y la mitología vikingas. Los dos poemas de la colección que ofrecen los relatos más sistemáticos son *Völuspá* (La visión de la vidente) y *Grímnismál* (La canción del encapuchado).

Existen opiniones contradictorias sobre las fechas exactas de estos poemas. Sin embargo, parecen contemporáneos y ambos entablan una especie de debate y diálogo con los puntos de vista cristianos, por lo que la mayoría de los historiadores creen que son producto de la época en que Escandinavia e Islandia se cristianizaban gradualmente. Su redescubrimiento cambió y configuró la visión que el mundo tenía de las prácticas precristianas.

## La Edda en prosa

La Edda en prosa es el tratado más famoso de poética nórdica. Data del siglo XIII, después de que el cristianismo se convirtiera en la religión oficial de Islandia, y fue escrito por Snorri Sturluson. Snorri basó su Edda en poemas más antiguos, pero una evaluación crítica demuestra que muchos de ellos son afirmaciones personales que reflejan su propia visión del mundo más que una estricta exactitud histórica.

Por ello, Snorri tiene partidarios y detractores entre los lectores modernos, pero, en conjunto, parece poco sensato e innecesario descartar por completo sus ideas sobre los relatos míticos de la era vikinga, y la Edda en prosa sigue siendo una valiosa fuente de información. (Curiosamente, el nombre que dio a estas historias, Edda, nunca se ha explicado satisfactoriamente).

## Las Sagas

Como complemento de las fuentes poéticas, las sagas amplían nuestros conocimientos sobre los antiguos nórdicos. Algunas, las sagas legendarias, son de carácter mitológico, pero otras registran la historia del periodo de migración, cuando los nórdicos originales empezaron a dispersarse por distintas zonas de Europa, y describen la historia de las primeras familias islandesas.

A pesar de todo, para desgracia de los vikingos, son relativamente pocos los relatos históricos que han sobrevivido de tales poemas y cuentos. Esta falta de información fiable ha permitido que los sucesivos juicios personales de generaciones de historiadores distorsionaran la historia real de la era vikinga. Una de las consecuencias más desafortunadas ha sido la imagen perdurable de los vikingos como guerreros incivilizados que robaban y esclavizaban a los inocentes aldeanos de otras tierras. Los vikingos hicieron incursiones, pero esto dista mucho de ser toda la historia.

Por escasa que sea, la evidencia histórica demuestra que estaban realmente interesados en la exploración y que tenían su propia cultura rica y una mitología bien desarrollada.

**Las piedras rúnicas**

Por supuesto, los manuscritos escritos no son nuestra única fuente de conocimientos sobre las culturas antiguas. Los arqueólogos toman el relevo de los historiadores, y los amuletos de plata del martillo de Thor y diferentes figuras femeninas hallados en tumbas vikingas han hecho las delicias de los estudiosos de la mitología comparada de todo el mundo.

Los vikingos también dejaron tras de sí una clase de artefactos de interés para arqueólogos e historiadores por igual: las piedras rúnicas. Los nórdicos de la época vikinga sabían escribir y leer utilizando un alfabeto no estandarizado conocido como runor, del que deriva la palabra moderna runa. Este alfabeto lo tallaban en enormes piedras elevadas, a menudo acompañadas de elaboradas y fluidas ilustraciones de lobos, guerreros, caballos y bestias más fantásticas. Las piedras rúnicas solían ser de colores brillantes; sin embargo, tras siglos de exposición a la intemperie, hoy no queda rastro de esos colores.

Y los nórdicos eran prolíficos escritores: sólo en Escandinavia se han encontrado unas 3.000 piedras rúnicas y más de 6.000 inscripciones rúnicas. Las piedras rúnicas también servían para señalar los lugares lejanos a los que viajaban los nórdicos, y se pueden encontrar docenas de piedras rúnicas en la Isla de Man, en el oeste, a lo largo del Mar Negro, en el este, en Jämtland, en el norte, y en Schleswig, en el sur.

La mayoría de las veces, las piedras rúnicas se erigían para glorificar a los muertos, pero muchas también presumen de magníficas hazañas, como la construcción de importantes edificios y monumentos. Otras señalan logros sociales y económicos y conmemoran otros acontecimientos importantes. Las piedras rúnicas más famosas cuentan gloriosas historias de vikingos que perecieron en viajes a tierras extranjeras, pero la gran mayoría están dedicadas a hombres que murieron en casa.

Algunas piedras rúnicas van mucho más allá de las vidas y muertes de vikingos famosos. Su poderosa y conmovedora prosa y sus dramáticas ilustraciones revelan mucho sobre la antigua mitología y religión nórdicas. Por ejemplo, la Piedra Rúnica de Altuna, en Uppland, una impresionante efigie formada por un bloque de granito macizo, representa el valiente viaje de Thor para capturar a la Serpiente de Midgard. Con una prosa heroica y elaboradas ilustraciones, la piedra rúnica cuenta cómo Thor consiguió atrapar a la serpiente con un anzuelo cebado con la cabeza de un buey.

Cuando la serpiente mordió la cabeza de buey, el anzuelo se enganchó en el paladar, sobresaltándola tan violentamente que hizo temblar la barca de Thor y tambaleó al dios del trueno. Enfurecido, Thor hizo acopio de toda su fuerza divina, agarró con fuerza su caña de pescar y clavó los talones con tanta fuerza que sus dos pies atravesaron el fondo de su barca y se hundieron en el lecho marino. Sorprendentemente, la piedra rúnica de Altuna incluye una representación del pie que atravesó las tablas.

Otra piedra notable es el monumento de Hunnestad, en Escania, que muestra a una mujer montada en un lobo con unas riendas que parecen serpientes. Se ha interpretado que la piedra representa a la giganta Hyrrokin (la rociada de fuego), que había sido convocada para ayudar a botar el barco funerario que transportaba al dios muerto Baldr.

· · ·

Se cree que al menos una piedra rúnica, la de Ledberg, en Östergötland, representa el Ragnarök, el mítico día del juicio final que supone el ocaso de los dioses nórdicos. La piedra de Ledberg representa a un gran guerrero con casco que se supone que es Odín, el Padre de Todo. Le pisa los talones una bestia monstruosa que se cree que es Fenrir, el monstruoso lobo engendrado por Loki, el Dios de la Mentira, que según la profecía devorará a Odín durante el fin del mundo.

Curiosamente, existe otra clase de piedras rúnicas que se levantaron con un propósito totalmente distinto. En la sociedad nórdica se consideraba una virtud la jactancia heroica. Los héroes de las sagas se mostraban a menudo con esta práctica, alardeando ante salas de hidromiel abarrotadas de los monstruos que habían matado, los peligros a los que habían sobrevivido y los monumentos que habían construido.

Muchos nórdicos de la época debieron de seguir su ejemplo, y literalmente cientos de ellos hicieron tallar piedras con el propósito expreso de inmortalizar sus propios logros, e incluso sus rasgos positivos autopercibidos.

Por ejemplo, una piedra rúnica situada originalmente en Rasbo (Suecia) lleva inscrito un texto que afirma que fue levantada por un hombre llamado "Vigmund, el más hábil de los hombres" en su propio honor, cuando aún vivía. Otro conjunto de unas 20 piedras rúnicas fue levantado a instancias de Jarlabanke Ingefastsson, un cacique al que parecía gustarle mucho dejar su huella en las tierras que poseía y en los puentes y calzadas que había construido "por su propio bien".

A medida que el cristianismo se extendió entre los nórdicos, alteró las historias que contaban en sus piedras rúnicas. En muchas zonas, más de la mitad de las inscripciones en piedra contienen alguna referencia al cristianismo; en Uppland, la zona con mayor concentración de inscripciones rúnicas del mundo, el porcentaje se eleva hasta cerca del 70%. En muchos casos, los emblemas explícitamente cristianos, como la cruz o las oraciones, se tallaron en las piedras rúnicas existentes como modificaciones posteriores.

Estudiando estas runas y sus marcas cristianas, los historiadores pueden rastrear la expansión del cristianismo por las tierras nórdicas.

Una teoría sugiere que Uppland fue el lugar central en el que se produjo por primera vez el conflicto entre el paganismo nórdico antiguo y el cristianismo. Como el rey de Suecia se había cristianizado recientemente, los jefes y otros líderes tribales de Uppland querían mostrar su lealtad mostrando su fe cristiana al mundo, y lo hicieron inscribiendo cruces y oraciones cristianas en sus piedras rúnicas.

Otra teoría sostiene que se trataba simplemente de una moda social que fue ganando popularidad entre los clanes.

Los clanes de Uppland eran poderosos, bien establecidos y socialmente influyentes, por lo que las marcas cristianas que adoptaron se extendieron por las piedras rúnicas levantadas por clanes más pequeños de otros lugares.

Y a medida que el cristianismo cambiaba la cultura y la sociedad de los nórdicos, también lo hacían las historias grabadas en sus piedras rúnicas. Cada vez menos runas relataban viajes gloriosos y celebraban muertes honorables en campos de batalla lejanos, o contaban grandes historias de dioses y serpientes y el fin del mundo. En cambio, las runas posteriores anotaban si sus súbditos habían sido bautizados o si habían sido enterrados con sus trajes de bautismo. A menudo invocaban explícitamente las figuras de Cristo y Dios Padre, así como la "luz y el paraíso" del Cielo.

. . .

Otra forma en que las piedras rúnicas muestran cómo el cristianismo cambió la sociedad nórdica se refleja en el entierro de los muertos. Desde la antigüedad, los nórdicos solían ser enterrados alrededor de las piedras rúnicas, y las figuras prominentes eran enterradas cerca de las piedras levantadas en su memoria. Con la llegada del cristianismo, ya no se enterraba a los muertos cerca de las piedras rúnicas de sus antepasados, sino en los cementerios de las iglesias cristianas locales. Sin embargo, las piedras rúnicas seguían siendo un monumento popular en los hogares.

Desde las vidas de vikingos notables (o simplemente privilegiados), pasando por las sagas de los dioses y las figuras mitológicas, hasta el surgimiento del cristianismo, las piedras rúnicas tienen mucho que contarnos sobre la cultura de las tribus vikingas de Escandinavia. Son muy significativas para nuestra comprensión de la antigua forma de vida nórdica y los cambiantes sistemas de creencias, y muchas historias de hechos individuales, personalidades y muertes también se cuentan en los rumores de antaño.

# 3

# Cultura, historia y guerra vikingas

A sus víctimas en las costas de Gran Bretaña y el norte de Europa les debió parecer que los vikingos habían aparecido de la nada. Uno de los hechos menos conocidos sobre las culturas escandinavas es que, como pueblo, los vikingos existieron durante varios cientos de años antes de ganarse su reputación de saqueadores. Hasta entonces, los vikingos eran agricultores, cazadores, pescadores, recolectores y cuidadores de animales, y la mayoría de ellos siempre lo fueron.

## Vida vikinga

## Agricultura y *alimentación*

·  ·  ·

A pesar de su temible reputación de incursores, el vikingo típico era agricultor.

Gracias al descubrimiento de semillas, huesos y otros restos de comidas en los yacimientos vikingos, los arqueólogos pueden hacer conjeturas sobre los cultivos que cultivaban, los animales que criaban y los alimentos y bebidas que consumían.

El hombre y la mujer vikingos comunes pasaban la mayor parte de su vida cultivando cereales lo bastante resistentes para sobrevivir a los fríos inviernos y los cortos veranos de Escandinavia, como la cebada, el centeno y la avena. Las cosechas anuales se molían para hacer harina, gachas y cerveza. Los agricultores vikingos también cultivaban verduras resistentes al frío, como cebollas, judías y coles. Para complementar su dieta, eran ávidos recolectores de bayas silvestres y frutos secos.

Algunos vikingos también criaban ganado, como gallinas, cabras, ovejas, cerdos, vacas y caballos. Estos animales proporcionaban huevos, leche y el tan necesario estiércol para ayudar a mantener fértil el suelo. Sin embargo, los vikingos apenas bebían leche cruda, sino que la convertían en mantequilla o la utilizaban para hacer queso, y sólo bebían el suero de leche sobrante.

. . .

Naturalmente, y sobre todo cuando las cosechas no daban suficiente comida para pasar el invierno, los vikingos sacrificaban de vez en cuando a sus animales por su carne.

La carne se cocinaba en una gran olla al fuego o se asaba lentamente en un espetón de hierro hasta que quedaba crujiente y tierna.

La carne y el pescado se ahumaban a menudo para conservarlos más tarde. La sal también se utilizaba para conservar la carne y el pescado, y para encurtir verduras. Esta valiosa mercancía solía comprarse a comerciantes ambulantes.

Tras cosechas especialmente prósperas y en épocas propicias del año, las comunidades vikingas disfrutaban de suntuosos banquetes. A menudo se celebraban festivales estacionales, como los de la cosecha y el pleno invierno, y funerales. Independientemente del motivo de la celebración, los banquetes solían ser fastuosos y a veces duraban más de una semana.

Siempre iban acompañadas de bebidas alcohólicas, que solían consumirse en copas de madera o bebederos tallados en cuernos de vaca. La cerveza, una bebida fuerte elaborada con cebada tostada, y el vino de hielo con alto contenido alcohólico eran muy populares.

Sin embargo, la bebida vikinga preferida era el hidromiel, una bebida elaborada fermentando miel con agua y, a veces, con cereales, lúpulo, especias y bayas.

El hidromiel era una bebida tan apreciada e importante para la cultura vikinga que incluso desempeñaba un papel importante en su mitología. Un ejemplo es el hidromiel de la poesía, que, según la leyenda, se elaboraba con la sangre del ser divino Kvasir. Se decía que beber hidromiel de poesía imbuía al bebedor de poderes mágicos, elevaba su inteligencia y lo convertía en poeta o erudito.

## Casas y *pueblos*

Los vestigios de los asentamientos vikingos demuestran que los nórdicos construían los muros de sus viviendas con los recursos locales disponibles, ya fuera madera, piedra o bloques de césped compactados. Las casas vikingas solían tener forma de caja alargada y rectangular, con tejados inclinados hechos de juncos secos, paja o césped. Una forma rudimentaria de aislamiento era la zarza, un entramado de palos tejidos cubiertos por una gruesa capa de barro para proteger del viento y la lluvia. En la mayoría de las viviendas vikingas, los suelos se excavaban a bastante profundidad bajo el nivel del suelo; los historiadores teorizan que se hacía así para proteger del viento.

Era habitual que las casas vikingas constaran de una sola habitación, que se utilizaba como vivienda común compartida por todos los miembros de la familia.

Las familias más adineradas, sin embargo, podían disponer de un pequeño vestíbulo de entrada, una espaciosa habitación principal y cocinas, dormitorios o almacenes independientes.

Dentro de la casa, el mobiliario era escaso. La típica morada vikinga sólo contaba con una sencilla mesa de madera y bancos en los que los habitantes probablemente se sentaban y dormían. Quizá la característica más importante de un hogar vikingo, presente incluso en las viviendas más pobres, era el hogar, un espacio cerrado donde los habitantes podían encender fuego para calentarse, iluminarse y cocinar. Pero aparte de la fragua del herrero de la aldea, las viviendas no estaban equipadas con chimeneas: en su lugar, los hogares tenían una simple abertura que dejaba salir el humo del hogar. Al carecer de ventanas, los interiores de las casas vikingas solían ser oscuros y lúgubres, y la luz procedía a veces del hogar, pero más comúnmente de velas y simples lámparas de aceite.

Después de una copiosa comida a base de gachas de cereales y cerveza de cebada, el vikingo típico no disponía de un cuarto de baño privado en el que evacuar sus desechos. La mayoría de los aldeanos utilizaban un retrete comunal o pozo negro como el hallado por los arqueólogos en Jorvik.

Se trataba simplemente de grandes agujeros excavados en el exterior, aunque a menudo estaban protegidos por una valla para proporcionar al menos un poco de intimidad. En cuanto al lavado, se hacía en un cubo de madera o en el arroyo más cercano.

Los poblados vikingos eran lugares bulliciosos donde las casas se construían muy juntas, formando una abarrotada red de calles estrechas y sinuosas. Sin embargo, debido a la importancia del cultivo de cereales, que requería grandes campos abiertos donde sembrar, las grandes ciudades eran poco comunes durante la Era Vikinga. Sólo un puñado de las comunidades que salpicaban el frío y accidentado paisaje escandinavo podían considerarse ciudades, y éstas se situaban casi exclusivamente a lo largo de la costa.

No es de extrañar que el puerto fuera el lugar más importante de las ciudades vikingas, ya que era donde los barcos mercantes cargaban y descargaban sus mercancías y animales. A menudo se celebraban mercados en el mismo muelle, convirtiéndolo en el centro del comercio. A menudo, los muelles eran también el centro de la industria de la ciudad, ya que los carpinteros de ribera, alfareros, curtidores, marroquineros, herreros y otros artesanos instalaban sus talleres cerca del puerto para minimizar el tiempo, el esfuerzo y, por tanto, el coste del transporte de sus mercancías y materiales.

## Vestimenta y *artesanía*

La ropa vikinga se cosía con lana hilada, tela de lino y pieles de animales. Su indumentaria estaba muy influida por los estilos de Inglaterra, Escocia y Gales: túnicas de manga larga y pantalones para los hombres, y vestidos largos combinados con delantales para las mujeres. Durante la estación fría, era habitual que tanto hombres como mujeres llevaran capa, sujeta con un broche. Las mujeres vikingas solían llevar pañuelos o cubrirse la cabeza con una envoltura de tela. Sin embargo, las más jóvenes solían ir con la cabeza descubierta. Los zapatos, simplemente de cuero curtido o endurecido, eran el calzado más común.

El vikingo medio vestía principalmente para satisfacer necesidades prácticas: ¡las prendas servían para mantener el cuerpo caliente! Aun así, los vikingos tenían cierto sentido de la moda y sus ropas no carecían de adornos. Se utilizaban diversos tintes naturales para colorear los tejidos: los azules más llamativos se obtenían de la planta del woad, los rojos brillantes de la rubia y los amarillos de la soldadura.

A pesar de lo que podría percibirse como un gusto por lo práctico, los vikingos no eran estrictamente un pueblo pragmático. Sus hábiles y capaces artesanos crearon numerosos ejemplos de bellas y ornamentadas creaciones que han llegado hasta nuestros días.

La artesanía vikinga, fabricada en plata, azabache, ámbar y cristal, además de madera local, era famosa por su belleza, la complejidad de su diseño y su durabilidad.

·  ·  ·

La artesanía vikinga era especialmente apreciada como mercancía comercial por los pueblos no vikingos, pero carpinteros, herreros, marroquineros y otros artesanos también abastecían el mercado doméstico con todo lo que un vikingo necesitaba para la vida cotidiana. Los carpinteros tallaban tablones para los barcos, escudos para los guerreros y juguetes para los niños; los herreros forjaban espadas y armaduras para los asaltantes, herramientas para los granjeros y otros artesanos, y joyas para las damas.

Conocemos de primera mano la calidad y durabilidad de la artesanía vikinga, porque muchas de sus creaciones sobreviven hasta nuestros días, cientos de años después de su creación. Gracias a estas piezas, sabemos que los vikingos fabricaban joyería fina en forma de colgantes, brazaletes y broches con metales preciosos, especialmente plata. Las joyas de metales preciosos solían llevarse como signo de riqueza. Los menos pudientes llevaban piezas de bronce, estaño o aleaciones de plata, menos costosas. Los collares de cuentas de vidrio también eran populares entre ambos sexos. Los motivos más comunes en joyas, tallas de madera y embarcaciones representan animales como lobos y figuras mitológicas como dragones.

Como se desprende del estudio de sus asentamientos y viviendas, los vikingos no eran bárbaros que dependieran del saqueo de sus vecinos más civilizados para obtener alimentos y riqueza. Aunque la palabra "vikingo" evoca hoy en día la imagen de un guerrero frenético ataviado con pieles de animales que se lanza a la batalla tras gloriosa batalla, la realidad era que la vida cotidiana del vikingo medio era más bien la típica de las civilizaciones agrícolas de la época. Es decir, sus vidas estaban dominadas por un riguroso calendario anual de siembra, cuidado y cosecha de sus campos; de cocción, secado, salazón, ahumado y encurtido de alimentos; y de curtido del cuero, forja de herramientas de hierro, o teñido y descrudado de los tejidos utilizados para confeccionar sus prendas.

Cuando aún faltaba un siglo para que se produjeran avances tecnológicos como el molino de viento y la metalurgia avanzada, los vikingos dependían de sus manos y de herramientas básicas para sobrevivir. La vida cotidiana era ante todo una lucha contra el duro clima para producir alimentos y cobijo suficientes para todos los miembros de la comunidad.

**Incursiones vikingas**

. . .

Sin embargo, tras varios cientos de años de existencia relativamente pacífica, los vikingos empezaron a ganarse su brutal reputación.

¿Qué pudo ocurrir para que pasaran de ser una sociedad principalmente agraria a una cultura guerrera?

Muchos historiadores atribuyen la culpa a las presiones de la creciente población de Escandinavia. Los avances en los métodos agrícolas y el calentamiento temporal del clima permitieron a los vikingos cultivar más alimentos y tierras.

El excedente de alimentos propició una población más sana, una mayor esperanza de vida y, en general, un aumento constante de la población.

El auge demográfico pronto chocó con la escasez de espacio.

En Escandinavia predominan las islas y las penínsulas escarpadas, con muy poco espacio para expandirse. Gran parte del terreno es inadecuado para la agricultura o simplemente demasiado montañoso para habitarlo. Al principio, esto habría dado lugar a disputas entre clanes vecinos, pero con el tiempo llevó a algunos vikingos a abandonar su hogar, para explorar y conquistar nuevas tierras.

En el norte, el clima seguía siendo inhóspitamente frío durante gran parte del año, por lo que los emprendedores exploradores vikingos buscaron en otros lugares, al sur, al este e incluso al otro lado del océano Atlántico, al oeste, nuevas costas en las que asentarse y conquistar, o simplemente hacerse con recursos de los que carecían en casa.

Otra explicación común del expansionismo vikingo es que fue una respuesta al uso de la fuerza y el terror por parte de Carlomagno para cristianizar a los paganos. Sus agresivas campañas ofrecían a las tribus paganas derrotadas la opción del bautismo o la ejecución. Naturalmente, los vikingos y otros paganos europeos se resistieron y desearon vengarse.

De hecho, cuando el cristianismo finalmente se afianzó en Escandinavia, provocó un grave conflicto que fragmentó Noruega durante casi un siglo.

Los historiadores también creen que algunas incursiones vikingas fueron llevadas a cabo por exiliados. Los vikingos tenían leyes bien definidas que utilizaban para gobernarse.

Y uno de los castigos más frecuentes para los criminales convictos era el exilio. Naturalmente, cuando a un delincuente se le enviaba en un barco con muy pocas provisiones y se le decía que nunca podría volver a casa, muchos se dedicaban a saquear los asentamientos costeros vecinos para sobrevivir.

Y hasta cierto punto, las incursiones vikingas fueron simplemente crímenes de oportunidad. Inglaterra, en particular, sufría graves divisiones internas en ese momento. Por lo tanto, muchos feudos no estaban dispuestos a ofrecer ayuda a los asentamientos vecinos con los que estaban enemistados. Si a esto se añade el hecho de que muchas de las ciudades británicas estaban construidas a lo largo de la costa o cerca de ríos navegables, es fácil comprender que las flotas vikingas tenían carta blanca para comerciar o hacer incursiones cuando se les presentaba la oportunidad.

La simple codicia puede haber sido uno de los motivos de las incursiones vikingas. Los vikingos querían cosas que tenían sus vecinos: monedas, ganado, especias, esclavos, tesoros, obras de arte, materias primas que no podían reunir en casa. Puede que no desearan estas cosas más que otras culturas, y a menudo las adquirían mediante el comercio honesto y la diplomacia. Pero eran hábiles en la navegación y no les disgustaba luchar, y a veces se limitaban a tomar lo que querían mediante incursiones y saqueos.

Una de las incursiones vikingas más infames tuvo lugar en 793, cuando atacaron y saquearon el monasterio cristiano de Lindisfarne, en Northumbria. Para el resto de Gran Bretaña, un ataque tan directo a un lugar sagrado cristiano era, como mínimo, indignante. Sin embargo, a diferencia del resto de Gran Bretaña, los vikingos eran paganos; no tenían reservas a la hora de saquear una iglesia cristiana.

Para ellos, Lindisfarne era un objetivo fácil y tentador, ya que los monasterios de la época solían estar llenos de valiosos tesoros, como joyas y oro, libros, abundante comida y bebida, e incluso ganado. Además, los monjes que habitaban estos lugares estaban desarmados y poco podían hacer para defenderse.

Con el tiempo, las incursiones se convirtieron en parte de la cultura vikinga. Puede que las incursiones empezaran como un simple asunto de pillaje, pero con el tiempo, algunos vikingos llegaron a ser tan buenos que se convirtieron en asaltantes profesionales, adoptando el pillaje y el saqueo como su principal medio de vida. Con el tiempo, las incursiones y la guerra se convirtieron en una tradición que se alimentaba a sí misma, hasta que todos los hombres escandinavos la vieron como una forma de obtener riqueza personal y aumentar su prestigio individual distinguiéndose en el campo de batalla. La guerra se convirtió en una parte tan integral de su cultura que se esperaba que todos los jóvenes vikingos se probaran a sí mismos en la batalla, y se creía que morir heroicamente en el campo de batalla era la única manera de ascender a la sagrada sala de banquetes de los dioses, el Valhalla.

De hecho, los pueblos vecinos temían con razón la ira de los asaltantes vikingos que merodeaban por las costas y rutas marítimas, a veces alejándose mucho de su remota patria.

## Armas vikingas

Según la antigua tradición, poseer armas era un privilegio concedido a todos los hombres nórdicos libres, y también una obligación social. Tan importantes eran las armas de un vikingo en esta cultura guerrera que se cita al mismísimo Odín, el Padre de Todos, diciendo: "No dejes tus armas tiradas a tus espaldas en el campo; nunca se sabe cuándo puedes necesitar tu lanza de repente".

Como la guerra y la batalla eran las actividades más prestigiosas a las que podía dedicarse un vikingo, es lógico que su estatus social determinara el armamento que llevaba y portaba en la batalla.

Los vikingos ricos se adornaban con una lanza, un gran escudo circular de madera y, tal vez, una espada. Las espadas eran especialmente apreciadas como símbolo de estatus y a menudo se transmitían de padres a hijos. Las sagas incluso afirmaban que algunas espadas estaban imbuidas de poderes mágicos. Al igual que con las espadas, sólo los vikingos más ricos podían permitirse el lujo de equiparse con un casco. Otras formas de armadura eran bastante raras y se cree que su uso estaba limitado a la nobleza vikinga o a guerreros profesionales de éxito.

Los vikingos de menor estatus social, como los campesinos, solían armarse sólo con una lanza, un escudo, un hacha común o un seax, una especie de cuchillo grande. Algunos también llevaban sus arcos de caza y los utilizaban para reducir la carga enemiga en las primeras fases del combate.

· · ·

## Armadura

Sólo los nobles podían permitirse el lujo de equiparse con una armadura en forma de casco de hierro y túnica de cota de malla, aunque algunos vikingos más pobres se equipaban con cascos de cuero endurecido. Contrariamente a la creencia popular, los cascos vikingos no solían llevar cuernos o alas ornamentales a ambos lados. (Los historiadores atribuyen este error popular y duradero al romanticismo del siglo XIX). En su lugar, los cascos solían llevar robustas protecciones alrededor de los ojos y sobre la nariz, para ofrecer una capa extra de protección. Debido a su escasez, los cascos de hierro solían adornarse profusamente como muestra de la riqueza de su propietario. La cota de malla vikinga, que servía para proteger los brazos y el torso, se fabricaba a mano con miles de anillos de hierro entrelazados. Era eficaz para desviar los ataques cortantes, como los golpes de espada o de hacha.

## Escudos

Los escudos, sin embargo, eran la forma más común de protegerse de daños corporales, constituyendo la primera (y para muchos vikingos la única) línea de defensa en el arsenal de cada uno.

· · ·

El tipo más común de escudo vikingo era el escudo redondo. Las sagas vikingas mencionan que el tilo era la madera preferida para fabricar escudos, aunque los escudos excavados en tumbas vikingas muestran que el abeto, el aliso y el álamo se utilizaban más en la práctica común. Estas maderas se elegían porque no eran muy densas, por lo que resultaban ligeras y manejables. También era poco probable que se astillasen y rompiesen, a diferencia de maderas más densas y pesadas como el roble. Cuando un escudo vikingo cedía inevitablemente a la fuerza de un golpe, las fibras de estos árboles tenían tendencia a engancharse alrededor de las hojas, lo que impedía que un atacante cortara más profundamente sin aplicar mucha más fuerza.

Además, los escudos vikingos se reforzaban a menudo con cuero (u ocasionalmente hierro) alrededor del borde.

Algunos escudos tenían un centro de metal sólido llamado jefe, que proporcionaba protección adicional para la mano del portador y reducía la probabilidad de que el escudo se cayera por el impacto. Los escudos redondos variaban mucho en tamaño, de 45 a 120 cm de diámetro, pero la gran mayoría tenían entre 75 y 90 cm.

Una táctica de batalla común entre los vikingos era el muro de escudos o skjaldborg. En esta formación, los guerreros se colocaban uno al lado del otro sujetando sus escudos. De este modo, creaban una línea de escudos entrelazados para protegerse de los ataques enemigos y de los disparos de proyectiles. Cuando avanzaban empujando sus lanzas contra el enemigo, el muro de escudos se convertía en una temible formación de asalto, que permitía a los vikingos golpear sin tregua las primeras filas de sus enemigos.

Otra táctica famosa era el "hocico de jabalí" o svinfylking, en el que los guerreros se agrupaban en una formación de cuña, con los más feroces y mejor equipados formando la punta de la cuña. El "hocico de jabalí" se abalanzaba entonces sobre las filas enemigas, asestando estocadas, puñaladas y cortes hasta atravesar la primera línea.

Los hallazgos arqueológicos demuestran que los guerreros vikingos valoraban mucho sus escudos. Los escudos redondos se adornaban a menudo con intrincados diseños y, en ocasiones, se aplicaba ornamentación de plata y oro alrededor del jefe y los anclajes para las correas. Curiosamente, existe un subgénero completo de poesía escáldica conocido como poemas de escudos, que describen paisajes, motivos, escenas y diseños pintados en escudos. Un poema eskáldico especialmente notable de finales del siglo IX, el *Ragnarsdrapa,* describe cómo algunos vikingos adornaban sus escudos con escenas mitológicas relacionadas con las hazañas bélicas de los dioses del Valhalla.

El barco Gokstad, posiblemente la embarcación marinera más famosa recuperada de la época vikinga, tiene en las barandillas de su casco lugares para colgar y sujetar los escudos. Se cree que, montados así en el casco del barco, los escudos servían para proteger a la tripulación de las olas heladas y los vientos huracanados de alta mar. Es posible que adornar una embarcación con los escudos de los ocupantes vencidos tuviera un significado espiritual o supersticioso.

Recientemente se ha sugerido que los vikingos también utilizaban un segundo tipo de escudo: el escudo cometa, un gran escudo con forma de almendra, redondeado en la parte superior y curvado hacia abajo hasta una punta afilada en la parte inferior. El nombre hace referencia a la forma única del escudo, que recuerda en cierto modo a una cometa voladora. Para la mayoría de los historiadores modernos, los escudos cometa están estrechamente asociados con la guerra normanda, pero se ha propuesto que los normandos heredaron el diseño del escudo cometa de los vikingos. Sin embargo, hasta la fecha no existen pruebas arqueológicas que apoyen esta teoría.

## La lanza

.  .  .

Contrariamente a la creencia popular, el arma más utilizada por las hordas vikingas no era el hacha de guerra, sino la lanza.

Las lanzas eran las más utilizadas por la clase campesina escandinava, que formaba la base de los ejércitos vikingos, y casi todos los registros que se conservan de incursiones vikingas hacen referencia al uso de lanzas. Capaces de ser lanzadas como armas a distancia, así como de asestar tajos y estocadas, las lanzas se adaptaban bien a las formaciones y tácticas vikingas, que requerían un alto grado de movilidad y la capacidad de adaptarse a los cambios bruscos de las condiciones del campo de batalla.

La típica lanza vikinga estaba compuesta por una punta de metal con una hoja afilada montada en un asta de madera hueca de unos dos o tres metros de longitud. Las puntas de lanza podían medir entre 20 y 60 cm, y las versiones más largas aparecieron en los últimos años de la Era Vikinga.

Normalmente se sujetaban al asta con un pasador; en algunas sagas, los personajes sacan el pasador y tiran la punta de lanza para evitar que un enemigo reclame y utilice su arma favorita.

·  ·  ·

Las sagas mencionan un tipo de lanza ganchuda especialmente famosa, llamada krokspjot, que se utilizaba para lanzar. No es de extrañar que las lanzas arrojadizas tuvieran menos adornos que las lanzas arrojadizas, ya que a menudo no se recuperaban tras dejar la mano del lanzador.

Las lanzas arrojadizas también tenían puntas más ligeras y estrechas para poder lanzarlas más lejos y con mayor precisión. Las lanzas de cabeza más ancha y hoja más pesada se conocían como hoggspjot, o lanzas cortantes, y se empleaban para cortar, acuchillar y clavar en escaramuzas a corta distancia.

Además de su versatilidad, quizá la razón principal de la popularidad de las lanzas es que podían fabricarse con acero inferior -y mucho menos metal en general- que otras armas, como las espadas. Naturalmente, esto hacía que las lanzas fueran una opción mucho más asequible y más fácil de conseguir, ya que incluso un herrero de pueblo podía fabricar puntas de lanza con bastante facilidad.

A pesar de su atractivo para las clases más pobres, los vikingos fomentaban un profundo apego espiritual a la lanza. Una lanza mágica llamada Gungnir era el arma emblemática de Odín, el rey de todos los dioses nórdicos y dios de la guerra. Una saga, la *Eyrbyggja*, describe la costumbre de arrojar una lanza sobre el ejército enemigo antes del comienzo de la batalla. Con esta lanza se aseguraba la victoria reclamándola para Odín.

## El *hacha* de combate

Entre las armas de mano utilizadas por los guerreros vikingos, el hacha ocupaba un lugar muy cercano a la lanza.

Una vez más, el gasto prohibitivo que suponía fabricar espadas fue una de las principales razones por las que muchos vikingos se armaron con un hacha. Sin embargo, las hachas son tan comunes en los yacimientos arqueológicos que parece seguro que no sólo se utilizaban como armas, sino también como herramientas cotidianas. Esta teoría se ve corroborada por el hallazgo de hachas en las tumbas de mujeres y hombres vikingos.

Varios tipos de grandes hachas se especializaron para su uso en combate. Estas hachas de batalla tenían cabezas más grandes y vástagos más largos para aumentar su alcance y su potencial mortífero. La más famosa, el hacha danesa, era tan larga como un hombre y se blandía con ambas manos.

Sin embargo, la más temida era probablemente el hacha Mammen, ideal para el lanzamiento y el combate cuerpo a cuerpo. A medida que avanzaba la Era Vikinga y evolucionaba la guerra cuerpo a cuerpo, las hachas de batalla empezaron a lucir unos filos cada vez más semilunares que medían hasta 45 cm. Estas hachas se llamaban breioox, o hachas anchas.

Todas las hachas vikingas conocidas estaban equipadas con un solo filo, por lo que la popular imagen moderna de un berserker tendido sobre él con un hacha de doble filo es probablemente pura fantasía. Aun así, las hachas de batalla vikingas eran armas realmente devastadoras. Lo bastante robustas como para ser blandidas o lanzadas, las típicas hachas vikingas eran capaces de cortar miembros, astillar escudos y partir cabezas.

Aunque las hojas de las hachas solían ser de hierro forjado con filo de acero y, por tanto, su producción resultaba menos costosa que la de las espadas, muchos vikingos se encariñaron con sus armas. Algunas cabezas de hacha llevaban incrustaciones de plata y, al igual que muchas otras armas escandinavas, las hachas solían recibir nombres; la Prose Edda cuenta que seres monstruosos como los trolls eran epónimos populares.

## El Knifr y el *Seax*

Los vikingos utilizaban dos tipos distintos de cuchillos. El más común, llamado knifr, era de construcción sencilla y se ha encontrado en la mayoría de las tumbas vikingas. Incluso se han encontrado esclavos, mujeres y niños enterrados con los cuchillos que poseían. Los cuchillos más pequeños se utilizaban como herramientas de uso cotidiano, mientras que las versiones más largas y de hoja más ancha eran probablemente para la caza y el combate.

El otro tipo de cuchillo era el seax de lomo roto. El seax era más pesado que un cuchillo normal y se utilizaba como un machete o una falchion. Un seax típico era un arma algo tosca con un solo filo y una hoja pesada. Los vikingos más adinerados podían poseer seaxes más grandes, algunos lo suficiente como para blandirlos como una espada. Sin embargo, las seaxes eran mucho más sencillas de fabricar que las espadas de verdad, y cualquier herrero medianamente competente podía fabricar seaxes pequeñas.

. . .

Tras su uso generalizado por los sajones, el seax fue heredado por los vikingos que se asentaron en Inglaterra e Irlanda, pero aparece muy raramente en Escandinavia.

## La *espada* vikinga

Las espadas vikingas estaban diseñadas para ser usadas con una sola mano, mientras la otra sostenía un escudo. Eran de doble filo, con una hoja de hasta 35 pulgadas (90 cm). En cuanto a forma y diseño, la espada vikinga se inspiraba en gran medida en la spatha romana, muy anterior: tenía una empuñadura estrecha, no tenía una guarda transversal prominente y era larga y profunda. Las vainas eran de madera, de cuero y se llevaban atadas al hombro derecho.

La fabricación de espadas era extremadamente costosa, por lo que poseer una era un signo de riqueza y prestigio.

Una saga vikinga, la saga de *Laxdaela*, menciona que una espada en particular estaba valorada en media corona, cantidad capaz de comprar un rebaño entero de 16 vacas lecheras.

Las primeras espadas vikingas se forjaban mediante una técnica llamada soldadura de patrones, que consistía en retorcer y fundir repetidamente tiras de hierro y acero dulce para producir una hoja robusta y un filo endurecido. Las espadas vikingas posteriores se fabricaban enteramente con un único tipo de acero, que se cree que se importaba de Renania. La empuñadura de la espada solía estar hecha de un material orgánico, como madera, cuerno o asta, y luego se envolvía con tela para un agarre más cómodo. Lamentablemente, esto significa que pocas empuñaduras de espadas vikingas han sobrevivido para ser descubiertas por los arqueólogos actuales.

Debido a la pericia y los gastos necesarios para fabricar una espada, las hojas vikingas solían llevar incrustaciones de marcas de fabricante e inscripciones, como "INGELRII" o "VLFBERHT", que se encuentran en hojas recuperadas de la época. Los artesanos solían añadir sus propios toques artísticos en forma de empuñaduras elaboradamente decoradas, y muchas espadas recibían nombres que enfatizaban su mortandad o su magnífico aspecto, como Muerdepiernas y Empuñadura de oro.

Poseer una espada significaba que un vikingo poseía un alto grado de honor personal y familiar. Se creía que las espadas tenían poderes mágicos y vida propia, y se transmitían de padres a hijos. Cuanto más antigua era la espada, más aumentaba su valor. Los enterramientos vikingos demuestran que a veces se "mataban" las espadas de guerreros especialmente ricos antes de enterrarlas con sus dueños. Al matar una espada, se doblaba o retorcía la hoja para inutilizarla. Aparte del posible significado ritual de retirar un arma con su portador, matar una espada también servía para disuadir a los ladrones de tumbas de perturbar el lugar de enterramiento para robar una de estas armas tan preciadas.

# 4

# Mitología vikinga

La mitología nórdica se desarrolló a partir del antiguo paganismo nórdico y perduró mucho después de la cristianización de Escandinavia.

## Cosmología

Las creencias nórdicas sobre la creación del cosmos constituyen una historia entretenida y pintoresca, llena de significado para la cultura vikinga. He aquí cómo creían los vikingos que se crearon los Nueve Mundos:

Ginnungagap, un enorme abismo, existía antes de que se creara nada. Esta confusión de oscuridad y silencio estaba situada entre Niflheim, el hogar del hielo, y Muspelheim, el hogar del fuego.

Las llamas de Muspelheim y la escarcha de Niflheim empezaron a acercarse la una a la otra. Entre el chisporroteo y el silbido de los elementos, el fuego empezó a derretir el hielo. Estas gotas formaron rápidamente el primer gigante divino, Ymir. Este gigante, hermafrodita, era capaz de reproducirse asexualmente. Cada vez que sudaba, nacían gigantes menores.

Auðumbla, una vaca, emergió de la escarcha derretida.

Ymir se nutrió de su leche, mientras que las salpicaduras del hielo la alimentaron a ella. Al lamer, descubrió a Buri, el primer dios Aesir. Buri tuvo un hijo, Bor, que se casó con Bestla, la hija de Bolthorn, un gigante. Los hijos de Bestal y Bor, mitad gigantes y mitad dioses, fueron Odín, Vili y Vé.

Odín y sus hermanos se propusieron matar a Ymir. Tras hacerlo, empezaron a construir su mundo con su cadáver.

· · ·

Los océanos estaban hechos de su sangre, sus músculos y su piel formaban el suelo, su pelo la vegetación, su cerebro las nubes y su cráneo el cielo. Cuatro enanos, correspondientes a los cuatro puntos cardinales, sostenían el cráneo por encima de todo.

## Pregunta y *Embla*

Ask (también deletreado Askr) y Embla fueron los primeros humanos; sus nombres significan "fresno" y "vasija de agua" en nórdico antiguo. Una vez que los dioses Aesir terminaron de construir el cosmos, crearon a Ask y Embla a partir de troncos de árbol que habían llegado a la orilla de la tierra que los dioses acababan de sacar de las aguas. Dirigidos por Odín, los dioses otorgaron a estos humanos recién creados las habilidades de ond (aliento o espíritu), odr (éxtasis o inspiración) y la. Nadie sabe exactamente qué significa la. Ask y Embla también recibieron el mundo de Midgard -nuestro mundo- para vivir, y así se convirtieron en la madre y el padre de la raza humana.

La historia de Ask y Embla está llena de significado.

Nombrar al primer hombre "fresno" y a la primera mujer "pozo de agua" conecta a la primera pareja con el árbol y el pozo. Esto demuestra que la feminidad y la masculinidad son principios complementarios, recíprocos y entrelazados. Esto hace que cada aspecto sea tan importante como el otro para la continuidad de la vida. Esta misma dualidad masculina y femenina puede verse en Adán y Eva de las religiones monoteístas que dominan el mundo actual.

Hay muchas mitologías precristianas diferentes, con una variedad de relatos aparentemente contradictorios sobre los orígenes humanos. Algunos dicen que las personas proceden de dioses.

Otras dicen que las tribus humanas descienden de las arboledas. El relato de la creación de Ask y Embla, por supuesto, incorpora ambas ideas: Nos enseña que los humanos proceden de los árboles (en este caso, arrastrados hasta la playa) y que los dioses los crearon. Esto refleja la visión precristiana de los dioses y diosas como fuerzas invisibles que animan las cosas en el mundo visible, en contraste con la concepción de Dios en las religiones monoteístas. Sin embargo, dado que los mitos nórdicos afirman que todo se formó a partir del cadáver de Ymir, en última instancia creían que toda la vida procedía de esta única figura.

## Los Nueve *Mundos*

. . .

En los Nueve Mundos vivían los distintos seres de la mitología nórdica y germánica. Sus tierras se encontraban entre las raíces y ramas del árbol Yggdrasil. Se mencionan en la Edda Poética, pero no existe una lista exhaustiva de los mundos que componían exactamente los nueve. Examinando ésta y otras fuentes que describen la mitología nórdica, podemos elaborar una posible lista de los Nueve Mundos:

- Midgard - el mundo humano
- Asgard - el mundo de los dioses y diosas Aesir
- Vanaheim - el mundo de los dioses y diosas Vanir
- Jotunheim - el mundo de los gigantes
- Niflheim - el mundo de hielo
- Muspelheim - el mundo del fuego
- Alfheim - el mundo de los elfos
- Svartalfheim - el mundo enano
- Hel - el mundo de los muertos y la diosa Hel

Excepto Midgard, todos estos mundos eran invisibles a los ojos de los hombres. Sin embargo, de acuerdo con las creencias panteístas y animistas de los nórdicos, se manifestaban de algún modo en el mundo humano. Jotunheim, por ejemplo, se solapaba con el desierto de Midgard; Hel era el inframundo bajo la tierra; y Asgard era el cielo.

. . .

El número nueve también parece haber tenido un significado mágico para los nórdicos. Aún no se ha descubierto cuál era exactamente, pero el número aparece en varias historias: Odín colgó de Yggdrasil durante nueve días y nueve noches para descubrir las runas; Heimdallr tuvo nueve madres; y antes de poder casarse con Gerd, Freyr tuvo que esperar nueve noches.

## Yggdrasil

Yggdrasil, pronunciado IG-druh-sill, es un fresno que se encuentra en el centro del cosmos. El árbol crece del Pozo de Urd. Yggdrasil contiene los Nueve Mundos entre sus ramas y raíces.

El nombre del árbol puede parecer complicado, y de hecho lo es: significa "el fresno del caballo de Yggr". Yggr era un apodo de Odín y tiene su propio significado: El Terrible. El extraño nombre del árbol resulta más comprensible si se tiene en cuenta que se utilizaba como medio de transporte entre los distintos mundos.

. . .

Luego está el Pozo de Urd. Urd, pronunciado tal y como se escribe, se traduce como destino, por lo que podría llamarse el Pozo del Destino. Dentro del pozo viven tres doncellas conocidas como las Norns, de las que hablaremos más adelante.

Además de los que habitan en los Nueve Mundos, otros seres viven alrededor, sobre, dentro y debajo del árbol. Por desgracia, en la mayoría de los textos sólo se mencionan de pasada. Algunos de los más conocidos son el águila que vive en las ramas superiores; Ratatoskr, una ardilla; y Níðhöggr, la más famosa de las muchas serpientes y dragones. Ratatoskr transmite mensajes entre el águila y Níðhöggr.

También hay cuatro ciervos, Dáinn, Dvalinn, Duneyrr y Duraþrór, que comen de las ramas más altas.

## Midgard

Midgard significa "recinto medio" y se corresponde en cierto modo con "civilización" en el inglés moderno. Es el reino humano entre los Nueve Mundos, y el único que puede verse, aunque los otros mundos se cruzan con diferentes aspectos de Midgard.

. . .

La palabra Midgard tiene un doble significado. Está situado en medio de todos los demás mundos, rodeado por el desierto de Jotunheim. Al igual que los continentes de la Tierra están rodeados de océanos, Midgard también está rodeado de agua, y es aquí donde vive Jörmungandr. Aegir y Ran también viven en estas aguas, esperando acabar con la vida de los desdichados marinos. Este podría ser el significado horizontal. El significado vertical nos dice que Midgard se sitúa entre Asgard y el inframundo. El eje aquí está representado por Yggdrasil, donde Asgard se encuentra en la parte superior de las ramas, Midgard en la base del tronco y el inframundo en las raíces.

Ambas acepciones de Midgard ayudan a esclarecer la visión psicogeográfica que los nórdicos tenían de su mundo.

Creían que la tierra que estaba innangard, es decir, dentro de una valla, era civilizada, ordenada y respetuosa con la ley.

Para ellos, la tierra que estaba utangard, es decir, más allá del muro, era salvaje y caótica. Estos conceptos tenían componentes geográficos y psicológicos: las acciones o pensamientos de una persona podían ser utangard o innangard tanto como su ubicación física.

En la historia de la creación nórdica, después de que los dioses utilizaran el cadáver de Ymir para crear el mundo, utilizaron las cejas de Ymir para construir una valla alrededor de Midgard con el fin de proteger a la gente de los gigantes. Como reflejo de este mito en el mundo real, las granjas vikingas estaban cercadas para separar el interior del exterior.

## Asgard

Asgard es el hogar de los dioses y diosas Aesir, y su significado literal es "recinto de los Aesir". El "gard" del nombre refleja las creencias nórdicas sobre innangard y utangard; Asgard es, por supuesto, innangard. Está rodeado en parte por una muralla construida por Hrimthurs.

Asgard se encuentra en la cima del Yggdrasil y está unida a Midgard por un puente arco iris llamado Bifröst. Uno de los lugares más conocidos de Asgard es el Valhalla, donde gobierna Odín. Asgard es también un templo para 12 dioses, Gladsheim, y sus respectivas diosas, Vingolf.

Los dioses se reúnen en Idavoll todos los días para discutir el destino de todos los hombres y dioses.

## Vanaheim

Vanaheim significa "patria de los Vanir". Este mundo también se encuentra en las ramas de Yggdrasil, en algún lugar por debajo de Asgard. Las fuentes que se conservan son fragmentarias y no mencionan la ubicación exacta de Vanaheim. La mejor pista es cuando la Edda Poética dice que el dios vanir Njord viaja hacia el este hasta Asgard cuando es enviado allí como rehén. Eso situaría a Vanaheim al oeste de Asgard.

Tampoco hay mucha información sobre qué tipo de lugar es Vanaheim. En cambio, podemos sacar algunas conclusiones basándonos en el nombre. A diferencia de Midgard y Asgard, Vanaheim no termina en "gard"; como el resto de los mundos, termina en "heim". Midgard y Asgard están rodeados de vallas, mientras que los demás mundos no, lo que los convierte en utangard. La implicación es que los Vanir de Vanaheim son más naturalistas que los Aesir de Asgard, que son culturalmente más sofisticados.

. . .

## Jotunheim

Jotunheim, YO-tun-hame, significa el "mundo de los gigantes" y, por supuesto, es el hogar de los gigantes en la mitología nórdica. Utgard es otro nombre de Jotunheim, lo que indica que este mundo es una combinación de innangard y utangard. Jotunheim es una tierra salvaje que rodea el mundo civilizado y, de hecho, la palabra "tierra salvaje" procede de la raíz inglesa antigua de "wild-deor-ness", que significa "el lugar de las bestias obstinadas".

En el interior de Jotunheim, los gigantes habitan en las cumbres de las montañas dentro de un bosque oscuro y espeso. Nieva sin cesar, y el invierno nunca afloja sus garras.

El paisaje es sombrío e inhóspito. El río Ifing separa Asgard de Jotunheim. El rey Thrym gobernaba a los gigantes, mientras que el rey Guðmundr vivía en Glaesis-velli, un lugar dentro de Jotunheim. Jotunheim también albergaba los reinos de Gastropnir y Prymheim.

## Niflheim

· · ·

Niflheim, NIF-el-hame, es el "mundo de la niebla" dentro de los Nueve Mundos. Es el hogar del hielo, la niebla, el frío y la oscuridad. Es lo opuesto al mundo de fuego de Muspelheim. En la historia nórdica de la creación, Ymir se formó con la escarcha de Niflheim y el fuego de Muspelheim.

No se sabe mucho más sobre Niflheim. De hecho, sólo se encuentra en las obras de Snorri Sturluson, que la utilizaba indistintamente con Niflehl, que describía el mundo de Hel. Niflhel aparece en obras más antiguas, pero es muy posible que Snorri inventara la palabra Niflheim.

## Muspelheim

Muspelheim, MOO-spell-hame, es el hogar de los gigantes de fuego. Muspelheim participa en la creación del mundo y en su destrucción. Cuando se creó el mundo, el fuego y el hielo trabajaron juntos para formar el primer gigante. Sin embargo, el significado más antiguo de la palabra "Muspell" es probablemente "fin del mundo a través del fuego". Se refiere a la creencia nórdica de que en el Ragnarök, Surtr, un gigante de fuego, vendrá de Muspelheim con una espada flamígera para matar a los dioses.

· · ·

Al igual que Niflheim, Muspelheim sólo se encuentra en las obras de Snorri Sturluson, que quizá no representen fielmente las creencias nórdicas precristianas. Sin embargo, los principios cosmológicos se remontan a las antiguas creencias germánicas, y la palabra "Muspell" aparece en textos en sajón antiguo y alemán, en relación con los mismos conceptos, lo que significa que probablemente se remonta al nórdico antiguo. Así pues, aunque Muspelheim fuera una creación de Snorri, parece tener una base bastante sólida.

## Aflheim

Alfheim, ALF-hame, significa "la patria de los elfos", y es aquí donde viven los elfos en la mitología nórdica. La descripción de Alfheim en los materiales originales es muy escasa; sólo se menciona de pasada. Sin embargo, se describe a los elfos como personas bellas y luminosas, lo que significaría que su hogar estaría lleno de luz.

Freyr, un dios vanir, era el gobernante de Alfheim. Puede parecer confuso que un dios gobierne el mundo de los elfos, pero en la mitología nórdica existe un gran solapamiento entre los Vanir y los elfos, por lo que en realidad no es sorprendente que Freyr sea el Señor de Alfheim.

· · ·

## Svartalfheim/Nidavellir

El mundo de los enanos se conoce como Svartalfheim, SVART-alf-hame, o Nidavellir, NID-ud-vell-eer. Significan "patria de los elfos negros" y "campos oscuros", respectivamente. Nidavellir fue probablemente el nombre original; una vez más, Snorri fue la primera persona que utilizó la palabra Svartalfheim, mientras que Nidavellir aparece en una fuente más antigua.

Los enanos eran excelentes artesanos que vivían bajo tierra, por lo que era probable que su mundo fuera en parte un lugar oscuro y desconcertante de minas y forjas, y en parte un lugar de salones exquisitos y artefactos producidos por su artesanía. Sin embargo, Snorri no tenía claros los límites de Svartalfheim, e incluso confundió el nombre del enano Eitri con el nombre del propio mundo. Esto significa que aún sólo tenemos una vaga idea de cómo veían los vikingos la patria de los enanos.

## Helheim

Helheim, más comúnmente abreviado como Hel, es el nombre del inframundo. La diosa Hel supervisa este mundo.

. . .

Algunas fuentes dicen que un perro vigila su entrada, como en la mitología griega.

El mundo nórdico de Hel y el concepto cristiano de Infierno tienen nombres similares y se creía que ambos albergaban a los muertos bajo tierra, pero aparentemente no tenían casi nada más en común. Las creencias nórdicas sobre lo que ocurría después de la muerte no están del todo claras, pero se sabe que el lugar al que iba una persona después de morir no dependía de cómo hubiera vivido su vida.

El inframundo se suele describir en términos positivos o, al menos, neutros. Se describe como una zona en la que los muertos seguirían viviendo de algún modo, y a veces incluso como un lugar donde la vida era abundante después de la muerte. En Hel, los muertos pasaban el tiempo comiendo, durmiendo, luchando y bebiendo. No era ni un tormento eterno ni una dicha, sino una continuación de la vida.

La Edda en prosa de Snorri es el único escrito que retrata Hel como un lugar negativo. Sin embargo, como hemos visto, Snorri tenía tendencia a cambiar las cosas ampliando la información de que disponía. En este caso, probablemente quería hacer creer que sus antepasados precristianos se habían adelantado a las ideas del cristianismo. Hay muy pocos estudiosos que acepten la visión de Snorri sobre Hel.

## Dioses y gigantes

Dos razas de dioses, y una de gigantes, proporcionan los personajes más importantes de la mitología nórdica.

## Dioses y *diosas* Aesir

Los Aesir son uno de los dos clanes principales del panteón nórdico. Aesir, pronunciado ICE-ear, es la forma plural de la palabra áss, que significa dios.

Entre los dioses y diosas de los Aesir se encuentran muchas figuras de los cuentos escandinavos, como Tyr, Baldr, Thor, Frigg y Odín. Viven en el reino de Asgard, que está conectado al mundo mortal de Midgard por un puente arco iris conocido como Bifröst. Asgard es uno de los Nueve Mundos y está situado en las ramas más soleadas y altas del árbol del mundo Yggdrasil.

. . .

Los Aesir pertenecen a un sofisticado grupo de sistemas de creencias cosmológicas, mitológicas y religiosas compartidas por los pueblos germánicos y escandinavos. Estas tradiciones se desarrollaron por primera vez a medida que la cultura local se unía en torno al año 1000 a.C., y persistieron hasta que el cristianismo llegó a la zona entre los años 900 y 1200 d.C.

Aunque los Aesir eran inmortales, eran más perecederos que los típicos inmortales indoeuropeos. Los Aesir mantenían su juventud artificialmente con las manzanas de oro de Ioun, y también se les podía matar.

Los dioses y diosas de los Aesir y los Vanir se consideraban contemporáneos y coexistían entre sí, lo que contrasta con otras culturas politeístas en las que ciertos dioses se consideraban más jóvenes o más viejos. Estos dos clanes principales, los Vanir y los Aesir, luchaban, intercambiaban rehenes y celebraban tratados entre sí.

Se especula que las diferencias entre los Vanir y los Aesir reflejan las interacciones que se producían entre las distintas clases de la sociedad vikinga.

. . .

## Odin

Odín es uno de los personajes principales y más complejos de la mitología nórdica. Odín, jefe del clan de los Aesir, es una figura con rasgos tanto guerreros como eruditos, asociada a la curación, la muerte, la nobleza, el conocimiento, la batalla, la justicia y el juicio, la hechicería, la poesía y las búsquedas intelectuales. Es importante señalar que Odín fue venerado por los pueblos nórdicos y germánicos a lo largo de su historia, mucho antes de la Era Vikinga. En inglés antiguo se le conocía como Wōden y en alto alemán antiguo como Wuotan o Wōtan. Muchos topónimos de Escandinavia y el norte de Europa hacen referencia a Odín. Incluso en el inglés moderno, el día de la semana miércoles lleva su nombre. Aunque mucha información sobre las primeras versiones de Odín se ha perdido en el tiempo, nuestra comprensión más clara de él proviene de las obras conservadas en nórdico antiguo.

En las representaciones actuales de Odín en la cultura pop se le muestra como un comandante en el campo de batalla y un gobernante honorable, pero para los nórdicos no era nada de eso.

. . .

En comparación con los dioses de la guerra verdaderamente nobles, como Thor y Tyr, Odín incitaba a la gente pacífica a una lucha sin sentido con siniestro regocijo. Y aunque era un dios de la guerra, también era el dios de la poesía, y exhibía cualidades tan afeminadas que habrían avergonzado a los antiguos guerreros.

Era conocido por ser un veleidoso embaucador que tenía poca consideración por la imparcialidad, la justicia, la moralidad, las convenciones o la ley y, sin embargo, la gente que apreciaba la nobleza, el honor y el prestigio solía adorarlo.

Era el soberano de los Aesir y, sin embargo, tenía tendencia a aventurarse fuera de Asgard en vagabundeos solitarios o búsquedas interesadas. Era el patrón tanto de los parias como de los reyes.

Odín tenía una extraña combinación de características. ¿Cómo podía una persona albergar todas las cualidades?

Odín puede traducirse como "Maestro del Éxtasis". Su nombre se divide en dos partes: "odr", que significa "inspiración, furia, éxtasis", e "inn", artículo definido masculino que significa "maestro de". El éxtasis de Odín es lo que reúne los diferentes ámbitos con los que se le asocia: los muertos, la poesía, el chamanismo, la magia, la sabiduría, la soberanía y la guerra.

En los textos nórdicos antiguos que se conservan, como la Edda en prosa, se representa a Odín con una larga barba y un solo ojo. A menudo se le ve con una capa y un sombrero ancho y blandiendo su famosa lanza Gungnir.

Varios animales acompañan a Odín en sus viajes: los lobos Geri y Freki, y los cuervos Huginn y Muninn, que actúan como sus exploradores y le traen noticias e información de todo el reino mortal de Midgard. En la batalla, Odín cabalga sobre un corcel volador de ocho patas llamado Sleipnir a través del cielo y hacia el inframundo.

También conocido como el Padre Todopoderoso, Odín tiene muchos hijos, el más famoso de los cuales es el dios Baldr. Odín también desempeñó un papel importante en la creación del mundo al matar al ser primordial Ymir y conceder el don de la vida a los dos primeros humanos, Ask y Embla. En algunos textos, Odín se asocia especialmente con Yule, y también se le atribuye la introducción de las runas y la poesía en el mundo de los mortales. Impulsado por una irrefrenable sed de conocimiento, Odín es aficionado a viajar por los mundos en busca de conocimientos cada vez mayores, a veces disfrazado.

. . .

En su papel de dios de la guerra, Odín no se preocupaba por el guerrero medio, sino que prefería prodigar sus bendiciones sólo a aquellos que consideraba dignos de su atención.

Tampoco le importaban las razones de un conflicto, ni cuál sería el resultado; simplemente amaba el frenesí crudo y caótico de la batalla en sí. Esta actitud parece provenir de su estrecha afiliación con los chamanes guerreros, cuyas prácticas de lucha y espirituales se centraban en crear una unión extática con los animales tótem, normalmente osos o lobos, y por extensión, con el propio Odín.

Odín está al mando de las Valquirias, todas ellas hembras, que sobrevuelan las grandes batallas en busca de almas honorables a las que dar la bienvenida al Valhalla. Odín recibe a la mitad de los que mueren en batalla; a los que son recibidos en el Valhalla se les llama einherjar, y se les ruega que coman y beban hasta saciarse mientras se preparan a diario para los acontecimientos del Ragnarök, la última batalla gloriosa que están destinados a librar. En el folclore posterior, Odín aparece como líder de la Cacería Salvaje, una procesión de cazadores fantasmales que cabalgan por el cielo invernal y que se considera un presagio de guerra, muerte o catástrofe.

. . .

La principal diferencia entre las teologías monoteístas y politeístas es que, en las primeras, Dios es considerado omnisciente, todopoderoso y amoroso. Los dioses politeístas son limitados, como las personas a las que vigilan. Odín consideraba sus limitaciones como algo que tenía que superar, y no dejaba de actuar de forma cruel para aumentar su sabiduría, conocimiento y poder, pero era tan cruel consigo mismo como con los demás.

**Las misiones de Odín**

Una de las características que definen a Odín es su único ojo. La historia cuenta que Odín sacrificó su otro ojo para obtener una gran sabiduría. Un día, se aventuró a ir al Pozo de Mímir. Mímir, una figura sombría, vivía allí, y sus conocimientos se consideraban incomparables. Mímir había adquirido estos conocimientos bebiendo el agua mágica del pozo, así que Odín fue a pedirle a Mímir un poco del agua.

Mímir se negó a compartirla a menos que Odín estuviera dispuesto a sacrificar su ojo. Odín (tras deliberar o directamente, según la versión de la historia) se sacó un ojo y lo arrojó al pozo. Mímir sumergió entonces su cuerno en el pozo y dio de beber a Odín.

. . .

En otra ocasión, Odín se propuso descubrir las runas, que son símbolos tallados en el tronco de Yggdrasil por los Nornios. Odín había observado a las Norns mientras tallaban estos símbolos en el árbol, y las envidiaba por su sabiduría y poder. Las runas miran hacia abajo, hacia el Pozo de Urd, y sólo se muestran a las personas que demuestran ser dignas. Para ello, Odín se colgó de Yggdrasil, se clavó una lanza y contempló las aguas del pozo. Permaneció allí durante nueve días y nueve noches, sin permitir que ninguno de los otros dioses le ayudara en modo alguno, ni siquiera con ofrendas de agua. En la novena noche, empezó a ver formas en el pozo: las runas.

Odín también fue famoso por obtener el Aguamiel de la Poesía, del que se hablará más adelante en el libro.

## La muerte de Odín

La muerte de Odín se predice en el poema Völuspá, que narra sus conversaciones con una völva no muerta, una chamán o mujer sabia. La völva imparte a Odín (y, por ende, a los lectores) sabiduría de épocas pasadas, como la forma en que Odín y sus hermanos Vili y Vé dieron vida a los primeros humanos, Ask y Embla, y les ayudaron a sobrevivir concediéndoles tres dones de tres dioses: Sentido, Sangre y Espíritu. Después de que Odín le entregue un tesoro de collares enjoyados, la völva relata el papel de Odín como líder y héroe de la guerra entre los

Vanir y los Aesir, que se disputaban el dominio del reino mortal de Midgard.

Finalmente, la völva predice la muerte de Odín en el Ragnarök. En ese campo de batalla, Odín luchará contra el monstruoso lobo Fenrir, que ha crecido tanto que atrapará a Odín con sus fauces y se lo tragará entero. Uno de los hijos de Odín, Víðarr, vengará a su padre apuñalando al lobo en el corazón. Después de que el mundo se queme y sea arrasado por una inundación, sólo para resurgir como un paraíso exuberante y verde, los dioses y los mortales supervivientes se reunirán para recordar las hazañas de Odín y recordar sus antiguas runas.

## Thor

Thor era, con diferencia, el dios más popular entre los escandinavos de la Era Vikinga. Asociado al trueno, el relámpago, las tormentas, los robles, la fuerza y la fertilidad, Thor es una figura hercúlea dedicada a la protección de la humanidad, el arquetipo de guerrero honorable y leal, el tipo de héroe que todos los guerreros humanos aspiraban a ser. Su fuerza física no tiene parangón, y su sentido del deber y su valor no pueden ser quebrantados.

. . .

Thor, de ojos fieros, pelo de fuego y barba roja, es hijo del dios Odín y esposo de la diosa de cabellos dorados Sif. Su arma emblemática es el martillo Mjölnir, y otras de sus posesiones mágicas son el cinturón Megingjörð, que dobla su ya prodigiosa fuerza, los guantes de hierro Járngreipr y el bastón vivificador Gríðarvölr. Thor va a la batalla en un carro tirado por dos cabras negras, Tanngrisnir y Tanngnjóstr, a las que mata y come para alimentarse, y luego resucita.

Uno de los principales deberes de Thor era defender Asgard de los gigantes, a menudo enemigos de los Aesir. Esto resulta más que irónico si tenemos en cuenta que el propio Thor era tres cuartas partes gigante: Odín, su padre, era medio gigante, mientras que Jord, su madre, era una gigante completa.

Sin embargo, este tipo de linaje era habitual entre los dioses, lo que demuestra que su relación con los gigantes podría describirse mejor como complicada que como implacablemente hostil.

Thor también desempeñó un papel importante en la fertilidad humana y la agricultura. Esto es una extensión de su papel como dios del cielo: hacía llover para que crecieran las cosechas. Su esposa, Sif, también destacaba por tener el pelo dorado, que se cree que simbolizaba los campos llenos de grano. Su matrimonio era una hierogamia, es decir, un matrimonio divino.

## Mjölnir

El accesorio más famoso de Thor era su martillo de mango corto, Mjölnir, descrito en la mitología nórdica como una de las armas más temibles del cosmos, capaz de derribar montañas enteras de un solo golpe. Su nombre significa literalmente "triturador" en nórdico antiguo, y se considera que el martillo encarna el rayo igual que el propio Thor encarna el trueno.

Mjölnir fue creado por los hermanos enanos Brokkr y Eitri, y su corto mango se debió a un percance mientras lo forjaban.

Cuenta la leyenda que Loki apostó la cabeza de los hermanos a que no podrían hacer nada más bello que los objetos fabricados por los Hijos de Ivaldi. La historia es básicamente la siguiente:

. . .

Eitri coloca una piel de cerdo en su fragua y le pide a su hermano que trabaje el fuelle hasta que él le diga que pare.

En forma de mosca, Loki muerde a Brokkr en el brazo, pero el enano no deja de trabajar el fuelle. Eitri añade entonces cerdas doradas del jabalí de Freyr a la fragua y le dice a Brokkr que siga bombeando. Loki vuelve de nuevo, y esta vez le muerde dos veces en el cuello. Brokkr aguanta el dolor. Tras crear el anillo de Odín, Draupnir, a partir de las cerdas doradas, Eitri lo saca de la fragua, lo sustituye por hierro y le pide a Brokkr que continúe con el fuelle. Loki vuelve a morder a Brokkr con más fuerza, y en el párpado esta vez, sacando sangre en el proceso. Cuando la sangre le cae en el ojo, Brokkr tiene que dejar de trabajar con el fuelle para poder limpiársela. Eitri saca entonces a Mjölnir de la forja, pero descubre que el mango es más corto de lo que se suponía, por lo que el martillo sólo puede empuñarse con una mano.

Incluso con este fallo, Brokkr y Eitri ganan la apuesta.

Se disponen a recoger la cabeza de Loki, pero éste consigue librarse de la deuda diciéndoles que tendrían que cortarle el cuello para conseguir su cabeza, pero que su cuello nunca formó parte de la apuesta. Como consuelo, Brokkr cose la boca de Loki.

## Las aventuras de Thor

Muchas de las hazañas de Thor consisten en cabalgar hacia feroces batallas y masacrar implacablemente a sus enemigos, o en poner a prueba su temple desafiando a un adversario especialmente peligroso.

En el poema cómico Þrymskviða, Mjölnir es robado por el gigante Þrymr, que declara que sólo le devolverá el martillo si le trae a la diosa Freyja como esposa. Como era de esperar, Freyja se niega en redondo y sale furiosa de la sala. En su ira, deja caer su famoso collar Brísinga-men. Tras debatirlo, los dioses urden un plan para enviar a Thor en lugar de Freyja, vistiéndole de pies a cabeza con suntuosas joyas, un tocado nupcial con velo, ropas de mujer que le llegan hasta las rodillas y el collar Brísingamen.

Tras algunas protestas iniciales, Thor acepta infeliz el plan y viaja con Loki a Jotunheim, el reino helado de los gigantes.

· · ·

Son recibidos por Þrymr, que ha preparado un suntuoso festín. Thor bebe y come vorazmente, consumiendo animales enteros y tres barriles enteros de hidromiel. Þrymr encuentra este comportamiento en desacuerdo con lo que espera de Freyja, pero Loki, en la piel de una criada muy astuta, inventa la excusa de que el apetito de Freyja se debe a que ha ayunado durante ocho días enteros antes de su llegada debido a su impaciencia por conocer a su nuevo marido.

Cuando Þrymr levanta el velo de "Freyja" en un intento de besarla, es recibido por la visión de unos ojos aterradores que le devuelven la mirada, unos ojos aparentemente ardientes de fuego. Una vez más, Loki perpetúa el engaño afirmando que los ojos de Freyja sólo se ven así porque no ha dormido en ocho noches en su afán. Finalmente, los gigantes sacan a Mjölnir para "santificar a la novia", poniéndolo en el regazo de "Freyja" para que Þrymr y ella puedan casarse. Al ver su amado martillo, Thor se ríe a carcajadas, coge el arma y mata a Þrymr antes de masacrar brutalmente al resto de los gigantes.

La mayoría de las narraciones de Thor terminan en derramamiento de sangre, pero hay una excepción digna de mención en el Hárbarðsljóð. Odín, tal vez buscando templar la cabeza caliente de su hijo, se disfraza de barquero y se las arregla para encontrarse con Thor en su camino de regreso desde el este. Thor, al encontrarse con el barquero en una ensenada, intenta asegurarse el paso.

El barquero se niega y se muestra grosero y odioso con Thor. Al principio, Thor consigue morderse la lengua, pero el barquero continúa increpándole, cada vez más agresivo.

El poema se convierte entonces en un combate verbal, un estridente pero poético intercambio de insultos, entre Thor y el barquero. Durante la discusión se revela que Thor mató a varios gigantes y a toda una isla de mujeres enloquecidas mientras viajaba por el este. Sin embargo, al final de la discusión, Thor no cede a su rabia, sino que se limita a apartar al barquero y a caminar alrededor de la ensenada.

La némesis de Thor es la enorme serpiente marina Jörmungandr, que rodea el mundo humano de Midgard. En una leyenda, Thor sale a pescar (¡ballenas!), cebando su sedal con la cabeza de un buey. Jörmungandr muerde el anzuelo. Haciendo uso de su impresionante fuerza, Thor tira de la serpiente a bordo y le golpea la cabeza con su martillo. Tras una lucha titánica, la serpiente acaba escapando de nuevo al agua cuando el compañero de Thor corta el sedal. Thor se consuela llevando a varias ballenas de vuelta a la orilla.

·  ·  ·

La larga enemistad de Thor con Jörmungandr terminará cuando se maten mutuamente durante la gran batalla del Ragnarök. Entonces, Thor volverá a enfrentarse a la gran Serpiente de Midgard, y aunque conseguirá matar a la bestia, Thor no dará más de nueve pasos antes de sucumbir a su veneno y hundirse sin miedo en los brazos de la tierra.

## Loki

Loki, el dios embaucador, no estaba a cargo de ningún aspecto concreto de la vida, pero seguía teniendo un papel destacado -aunque equívoco- entre los dioses, y se le menciona en un gran número de mitos. Era a la vez antagonista y aliado de Aesir, y era dios y gigante: su padre era el gigante Fárbauti, y su madre, Laufey o Nál, pudo haber sido una giganta, una diosa o algo totalmente distinto.

La complicada, confusa y a veces contradictoria relación de Loki con los demás dioses nórdicos varía según la fuente. A veces se describe a Loki como un ayudante de los dioses en sus aventuras, mientras que en otros relatos se comporta de forma maliciosa con ellos. Su propio carácter es más coherente: Es un cobarde astuto interesado únicamente en la autoconservación y el placer.

Suele ser algo servicial, pero posee un carácter travieso y, a veces, francamente rencoroso. También es irrespetuoso y extremadamente escéptico.

La astucia de Loki y su afición por el engaño se ven favorecidas por su talento para cambiar de forma: en varias ocasiones ha adoptado la forma de un salmón, una liebre, una foca, una mosca y una anciana.

Y esta habilidad le permite violar no sólo las expectativas sociales, sino también las leyes de la naturaleza: tras transformarse en yegua, se convirtió en la madre de Sleipnir, el caballo celeste de ocho patas de Odín.

Loki también tuvo hijos en su propia forma. Con la giganta Angrboða, engendró a Hel, la diosa del inframundo; a Jörmungandr, la Serpiente del Mundo; y a Fenrir, un enorme lobo -un grupo poco reputado. También tuvo un hijo, Narfi o Nari, con su esposa Sigyn.

Los eruditos han sido incapaces de traducir el nombre de Loki. La mayoría cree que nunca se sabrá su significado, pero el profesor Eldar Heide ha propuesto una teoría plausible. Señala que algunas fuentes comparan a Loki con un nudo, y que Loki pasó a denominarse "maraña" o "nudo" en islandés. Por tanto, Loki podría significar "maraña" o "nudo".

. . .

## La muerte de Baldr

Tras mantener una relación ambigua con los dioses durante algún tiempo, Loki es finalmente condenado como villano y expulsado de Asgard. Esto se considera el primer eslabón de la complicada cadena de acontecimientos que conducen a la destrucción de los dioses nórdicos (y del mundo) en el Ragnarök.

La historia comienza con Baldr, el muy querido hijo de Odín y Frigg. Tras despertar de un sueño sobre su propia muerte, Baldr estaba muy deprimido y confió su sueño a su madre. Frigg, conocida por su inmenso conocimiento de las cosas pasadas y futuras, también había tenido sueños similares sobre la muerte prematura de su hijo. Por amor maternal, Frigg utilizó su inmenso poder para ordenar a todos los objetos de los reinos que juraran no hacer daño a Baldr.

Todos hicieron este juramento, excepto el muérdago, una planta que Frigg consideraba demasiado "joven" para hacer un juramento vinculante.

Al enterarse de esto, Loki, siempre travieso, fabricó una lanza mágica con muérdago. Luego se apresuró hacia el lugar donde los dioses se deleitaban en su nuevo pasatiempo: lanzar varios misiles a Baldr, sólo para verlos rebotar sin hacerle daño. Loki entregó su lanza al dios ciego Höðr, que la lanzó. Guiada por la magia de Loki, la lanza atravesó fatalmente a Baldr, matándolo allí mismo, para horror de los dioses que lo observaban.

## La historia de la atadura de Loki

Con el tiempo, los dioses descubrieron el papel de Loki en el diseño de la muerte de Baldr (y se aseguraron de que siguiera muerto, como se describe más adelante en la entrada sobre Baldr). Para colmo de males, Loki había empezado a hablar mal de ellos en público. Decidieron que sus abusos habían ido demasiado lejos y se dispusieron a capturarlo.

Loki huyó de Asgard y se construyó una casa en la cima de una montaña. Tenía cuatro puertas para poder vigilar a sus perseguidores desde todas las direcciones. Durante el día se transformaba en salmón y se escondía en una cascada cercana. Por la noche se sentaba junto al fuego y tejía una red para pescar.

. . .

Odín, sin embargo, fue capaz de ver dónde moraba ahora Loki, y los dioses partieron en su busca. Cuando Loki los vio acercarse a su casa, arrojó la red a las llamas, se transformó en salmón y se escondió en el arroyo. Pero cuando los dioses vieron la red en llamas, adivinaron rápidamente que tenía peces en la cabeza y razonaron que lo más probable era que se hubiera transformado en uno. Usaron hilo de Loki para fabricar su propia red. Se dirigieron al arroyo y lanzaron la red varias veces, pero cada vez que lo hacían apenas se les escapaba un gran salmón. Finalmente, el salmón dio un audaz salto río abajo, en dirección al mar. Thor lo atrapó en el aire, agarrándolo fuertemente por las aletas de la cola cuando intentó zafarse de sus manos (por eso ahora los salmones tienen colas finas).

Los dioses llevaron a Loki, que ya no era un pez, a una cueva o a un acantilado; las versiones varían. Llamaron a dos de sus hijos y transformaron a uno en lobo, que mató y se comió a su hermano, dejando sólo sus entrañas. Con ellas, los dioses ataron a Loki a la ladera del acantilado o a tres rocas de la cueva. Skaði, diosa de la caza, colocó entonces una serpiente justo encima de la cabeza de Loki para que sus colmillos gotearan continuamente veneno sobre su rostro.

. . .

Desde entonces, Sigyn se sienta junto a él a recoger el veneno en un cuenco; pero cuando el cuenco está lleno, debe vaciarlo, y entonces el veneno queda libre para gotear y quemarle la piel, y él se retuerce con un dolor insoportable. Sus sacudidas en estas ocasiones son tan violentas que provocan terremotos que desgarran Midgard.

Al comienzo del Ragnarök, Loki se liberará de sus ataduras y conducirá un ejército de gigantes al campo de batalla apocalíptico. Allí, luchará contra el dios Heimdallr y, en ese enfrentamiento, ambos se matarán mutuamente.

## Frigg

Frigg, que significa amada, se conoce a veces como Frigga.

Es la diosa Aesir de mayor rango. Su esposo es Odín y es la madre de Baldr. A pesar de su preeminencia, hay poca información sobre sus atributos, actos y personalidad. Además, la mayor parte de lo que se sabe de ella no es único, ya que comparte muchos de sus atributos con la diosa Freyja. Teniendo en cuenta las similitudes entre ambas y el hecho de que ambas evolucionaron a partir de una diosa anterior llamada Fria, es comprensible que a menudo se las confunda.

Frigg era una seidr, una practicante de magia nórdica cuya función consistía en averiguar cuál era el destino y rehacer su curso. También se la conocía como hechicera. Estas personas viajaban de pueblo en pueblo y realizaban actos de seidr a cambio de comida y alojamiento. Como la mayoría de los chamanes, el estatus social de Frigg era impreciso. Era al mismo tiempo despreciada, venerada, anhelada, temida y alabada por diferentes personas.

Frigg fue acusada de infidelidad: Se dice que se acostó con un esclavo, y que también tuvo relaciones con Vili y Vé, los hermanos de Odín, que quedaron a su cargo mientras Odín estaba exiliado de Asgard.

## Baldr

Baldr era hijo de Frigg y Odín, esposo de Nanna y padre de Forseti. Era profundamente amado por todos los demás dioses y diosas, así como por el pueblo nórdico. Era tan alegre, compasivo y elegante que desprendía una luz resplandeciente.

· · ·

Como se ha descrito anteriormente, Baldr encontró una muerte prematura por la traición de Loki. Su cuerpo fue incinerado ceremonialmente en su barco, Hringhorni. La desconsolada esposa de Baldr, Nanna, se arrojó al fuego para esperar su eventual reencuentro en el Ragnarök, y su caballo también fue entregado a las llamas. Hringhorni estaba tan cargado de tesoros y regalos de despedida de los dioses que hubo que llamar a la giganta Hyrrokin para que lo empujara mar adentro. Hyrrokin, a lomos de un lobo gigantesco, lo consiguió a duras penas, pero con tanta fuerza que el fuego centelleó y la Tierra tembló cuando la barcaza funeraria fue lanzada al mar.

Incapaz de dejar marchar a su amado hijo, Frigg envió a Hermóðr, el mensajero de los dioses, al inframundo para suplicar a Hel la liberación de Baldr. Cuando Hermóðr llegó, encontró a Baldr sentado junto a Hel en un lugar de honor. Hermóðr suplicó a Hel que liberara a Baldr, y tan apasionadas fueron sus súplicas que Hel finalmente se dejó convencer - al menos, un poco. Hel tenía una condición: para demostrar que Baldr era realmente amado, todo el mundo debía llorar por él antes de que ella lo dejara ir.

Y todas las cosas lloraron por Baldr el Hermoso... excepto Þökk, una giganta que se supone que era Loki disfrazado.

· · ·

Según otras versiones, Loki hechizó al sauce, que en ese momento se alzaba alto y orgulloso, para evitar que llorara por Baldr. Después de que el sauce fuera liberado del hechizo, el árbol se inclinó profundamente en señal de dolor y ha llorado eternamente desde entonces. En cualquier caso, Baldr permanecerá en su tumba hasta el Ragnarök. Entonces regresará a los vivos para alegrar los corazones de los dioses durante la batalla final.

## Dioses y diosas Vanir

Los Vanir, pronunciado VAN-ear, son el segundo clan de deidades nórdicas. El nombre Vanir procede probablemente de la palabra raíz "wen", que significa deseo o placer. Los Vanir más conocidos son Freyja, Freyr y Njord.

El clan Vanir representaba la riqueza, la fertilidad y la exploración. Según una creencia, los Vanir eran más antiguos que los Aesir, lo que podría significar que la guerra entre Vanir y Aesir es una alegoría de problemas religiosos y sociales medio olvidados de la cultura nórdica primitiva. Un historiador afirma que los Vanir pueden haber sido una vez una tribu humana.

. . .

Los Vanir viven en Vanaheim, uno de los Nueve Mundos. Se les asocia más con la magia que a los Aesir. Practicaban la endogamia y el incesto, es decir, se casaban con personas de fuera de su clase social y dentro de su familia, algo que la cultura nórdica de la época no veía con buenos ojos.

## Freyja

Freyja, que significa señora, era la diosa más distinguida y popular de la tribu Vanir. Asociada al sexo, la fertilidad, la belleza, el amor, la riqueza, la guerra y la muerte, se convirtió en diosa honoraria de los Aesir tras la guerra.

Njord era su padre; su madre es desconocida, pero la mayoría cree que es Nerthus. Su hermano es Freyr.

Su marido era conocido como Óðr. Muchos eruditos suponen que es Odín, el marido de Frigg, y algunos incluso creen que Frigg y Freyja son de hecho la misma entidad.

A Freyja le gustaban las posesiones materiales, la belleza, la fertilidad y el amor. Debido a estos intereses, se la consideraba (por utilizar un término moderno) una especie de chica fiestera. Prueba de ello es un poema en el que Loki la acusa de haberse acostado con todos los elfos y dioses del mundo, incluso con su hermano.

Al igual que Frigg, era una experta practicante del sistema seidr de magia.

Su poder y sus conocimientos para manipular y controlar la prosperidad, la salud, los deseos y a otras personas eran inigualables, y utilizaba esta habilidad tanto en nombre de los dioses como de las personas.

Freyja era también una diosa del más allá, que gobernaba un campo celestial llamado Fólkvangr desde su gran y hermosa sala Sessrúmnir. Elegía a la mitad de los guerreros muertos en combate para que vivieran allí; la otra mitad iba al Valhalla, la sala de Odín.

Una de las posesiones más preciadas de Freyja era el Brísingamen, que se representa como un collar o una antorcha (una especie de anillo grueso para el cuello) y se describe como filigranado, profusamente enjoyado y de color ámbar o dorado. Freyja cabalgaba en un carro tirado por dos gatos y siempre tenía a su lado a su amado jabalí Hildisvini. Freyja también poseía un manto de plumas de halcón, capaz de conceder el vuelo a su portador, y a veces ayudaba a otras deidades prestándoselo.

En las sagas y poemas, la impresionante belleza de Freyja la convierte en objetivo frecuente de secuestros, normalmente a manos de poderosos gigantes deseosos de convertirla en su esposa. El marido de Freyja, el dios Óðr, "frenético" y sediento de aventuras, suele ausentarse de casa. Freyja lamenta su separación llorando lágrimas de oro rojo por él y a veces emprende sus propias aventuras en su busca.

Varias plantas nativas de la patria de los vikingos recibieron en su día el nombre de Freyja, como el cabello de Freyja y las lágrimas de Freyja. Sin embargo, tras el triunfo del cristianismo, su nombre fue sustituido por el de la Virgen María.

**Freyr**

Freyr, FREY-ur, que significa Señor, era miembro de los Vanir. Al igual que su hermana Freyja, se convirtió en Aesir honorario tras ser tomado como rehén durante la guerra.

. . .

Era uno de los dioses más idolatrados, comprensiblemente, ya que los vikingos creían que su supervivencia y bienestar dependían de él. Freyr era responsable de la paz, la riqueza, las cosechas abundantes y la fertilidad humana. Naturalmente, recibía sacrificios en muchas ocasiones. Los sacrificios en las fiestas de la cosecha solían incluir un jabalí, su animal favorito.

Njord era su padre, y su madre no tiene nombre pero se presume que era Nerthus.

Freyr fue amante de varias gigantas y diosas, una de las cuales era su hermana, Freyja (el incesto era un lugar común aceptable entre el clan Vanir, aunque no entre los antiguos pueblos nórdicos y germánicos).

Freyr residía en Alfheim, la patria de los elfos. Se supone que gobernaba a los elfos, pero no hay pruebas definitivas de ello en la literatura nórdica antigua. La relación real entre los dioses y los elfos es lo suficientemente vaga como para permitir varias teorías diferentes.

Una de las famosas posesiones de Freyr era su barco, Skíðblaðnir. El barco siempre tenía el mejor viento y podía plegarse para que cupiera en una pequeña bolsa.

Skíðblaðnir sirvió como arquetipo de los barcos que los vikingos construían para los rituales y que nunca debían ser aptos para navegar. Cuando estaba en tierra, Freyr viajaba en un carro tirado por jabalíes.

## Njord

Njord se pronuncia NYORD; se desconoce su significado.

Al igual que sus hijos, Freyja y Freyr, Njord no sólo es un Vanir, sino un miembro honorario de los Aesir. Nerthus es probablemente su hermana y la madre de sus hijos.

Se le asocia con la navegación, el mar, la fertilidad y la riqueza. Los nórdicos incluso tenían un dicho sobre la gente rica. Decían "tan rico como Njord".

Njord aparece sobre todo en la historia de Skaði. Skaði era una giganta que acudió a los Aesir en busca de resarcimiento por el asesinato de su padre. Ellos le dijeron que podía hacer a cualquier dios su marido. Ella eligió erróneamente Njord, pensando que era Baldr. Tuvieron un matrimonio corto y desagradable. Parte de su matrimonio lo pasaron en la casa de ella en las montañas nevadas, que

Njord no podía manejar. El resto fue en la casa de Njord en la playa, que Skaði no podía manejar. Rápidamente se separaron.

## Nerthus

Nerthus era una diosa idolatrada conocida como la Madre Tierra. Se creía que participaba en las actividades humanas montada en un carro tirado por vacas. Sólo los sacerdotes podían tocarla o acompañarla en el carro. La seguían durante todo el día y se divertían en todos los lugares que quería visitar.

Cuando ella visitaba una zona, no había guerra, nadie tomaba las armas y todo el hierro estaba encerrado. Las cosas seguirían así hasta que ella regresara a su hogar.

Cuando estaba lista para regresar, todo -incluso la propia diosa- se limpiaba en un lago. Un esclavo realizaba este ritual antes de ser ahogado.

Los historiadores pueden relacionar a Nerthus con los Vanir basándose en su nombre. Nerthus, un nombre protogermánico, se escribiría en nórdico antiguo como Njord. Hay dos teorías sobre el porqué de esto. La primera es que Njord y Nerthus son una pareja divina; la otra afirma que Nerthus y Njord eran en realidad una única deidad hermafrodita.

## Gullveig

Gullveig, GULL-vayg, es una diosa que sólo aparece en dos estrofas del Völuspá. Estos versos describen los acontecimientos que condujeron a la Guerra Aesir-Vanir, y en ellos aprendemos que era una seidr. Gullveig viajó a Asgard y practicaba una magia que los Aesir consideraban peligrosa y antisocial. Intentaron matarla, pero ella pudo evitar su muerte por medios mágicos.

Puede que Gullveig tuviera algo más que magia a su disposición. Su nombre se compone de dos palabras. La primera, gull, significa oro, y la segunda, veig, significa intoxicación o bebida alcohólica. Por lo tanto, su nombre significa algo así como "la intoxicación causada por un metal precioso".

## Gigantes

Los gigantes son otra clase importante de seres en la mitología nórdica, con un poder igual al de los dos clanes de dioses. Su temperamento, sin embargo, es extremadamente diferente al de los dioses, y en general los dioses y los gigantes son fuerzas opuestas.

En realidad, el nombre inglés "giant" es engañoso, ya que evoca a una persona de tamaño descomunal. Para los vikingos precristianos, estos seres eran más bien temibles monstruos. En nórdico antiguo se les conocía como jǫtnar o þursar, que significan "devorador" y "dañino" respectivamente.

¿Por qué estos devoradores pasaron a llamarse gigantes?

Cuando Guillermo el Conquistador se apoderó de Inglaterra en 1066, las palabras francesas empezaron a introducirse en la lengua inglesa. Entre ellas estaba la palabra geant, que pronto se convirtió en giant. Geant era la palabra utilizada para describir a los enemigos de los dioses en la mitología griega, y con el tiempo llegó a aplicarse también a los mitos nórdicos.

**Fenrir**

. . .

Fenrir, FEN-reer, cuyo nombre significa "el que vive en los pantanos", es el lobo más monstruoso de la mitología nórdica. A veces conocido como el lobo Fenris, aparece representado en varias runas supervivientes y es omnipresente en las fuentes literarias. Su padre es Loki y su madre, la giganta Angrboða. Jörmungandr es su hermano y Hel, su hermana.

Los dioses criaron a Fenrir en su fortaleza, pero le temían tanto que Tyr fue el único lo bastante valiente como para alimentarlo. A medida que Fenrir crecía, también lo hacía su miedo, y finalmente decidieron atarlo. Le encadenaron diciéndole que querían ver lo fuerte que era, y que le aplaudirían cada vez que se liberara, pero en su interior temblaban.

Por fin acudieron a los enanos y les pidieron que construyeran una cadena que no pudiera romperse.

Forjaron la cadena con saliva de pájaro, aliento de pez, raíces de montaña, la barba de una mujer y las pisadas de un gato. La llamaron Gleipnir, que significa "abierto".

Fenrir se mostró escéptico cuando le presentaron a Gleipnir, así que pidió que un dios o diosa le pusiera la mano en la boca como señal de buena fe. Tyr se ofreció voluntario, y cuando Fenrir descubrió que no podía escapar, mordió la mano de Tyr. Los dioses trasladaron entonces a Fenrir a una zona desolada y lo ataron a una roca, colocándole una espada en la boca para mantenerla abierta. Mientras aullaba y golpeaba sin cesar, un río, conocido como Expectación, brotó de sus labios. Allí permanecerá hasta el Ragnarök.

## Skaði

Skaði, SKAHD-ee, es una giganta de nacimiento y diosa por matrimonio. Su nombre puede ser simplemente la palabra skaði, que significa daño, o puede derivar de la palabra skadus, que significa sombra. Lo más probable es que esté relacionada con Escandinavia, pero se desconoce si prestó su nombre a la región o al revés.

Su hogar está en lo alto de las montañas, donde siempre hay nieve. Es conocida por sus habilidades para la caza, y nunca se la menciona sin sus esquís, raquetas de nieve y arco.

Aunque los gigantes son principalmente una fuerza de muerte y oscuridad, Skaði recibió el estatus de diosa cuando se casó con Njord, y fue objeto de culto durante la Era Vikinga. Esto indica que pudo ser más benévola que sus parientes.

## Jörmungandr

Jörmungandr, YOUR-mun-gand, es una serpiente marina, y su nombre significa "gran bestia". Es tan enorme que su cuerpo rodea Midgard por completo, lo que le ha valido los apodos de Serpiente de Midgard y Serpiente del Mundo. Es hijo de Angrboða y Loki, y sus hermanos son Fenrir y Hel.

Thor es su archienemigo; han luchado en varias ocasiones y acabarán matándose mutuamente durante el Ragnarök.

Jörmungandr es un rasgo persistente de las religiones germánicas, y los alemanes le han culpado tradicional-mente de los terremotos.

## Níðhöggr

Níðhöggr es otra serpiente famosa, y su nombre significa "lanzador de maldiciones".

Vive bajo Yggdrasil y se alimenta de sus raíces, lo que daña al árbol y favorece el objetivo de Níðhöggr de sumir al mundo en el caos. Parece tener un papel importante en la precipitación del Ragnarök, y durante la batalla volará desde Yggdrasil para luchar del lado de los gigantes. Se han establecido paralelismos entre Níðhöggr y la serpiente bíblica del Jardín del Edén.

## La Gran Guerra

En muchos de los mitos nórdicos, puede resultar difícil distinguir qué dioses y diosas pertenecen a los Vanir y cuáles a los Aesir. Hay un momento en el que es fácil distinguirlos: la Guerra Aesir-Vanir.

Freyja, una diosa Vanir, viajó a Asgard con el nombre de Heiðr. Ella hipnotizó a los dioses y diosas Aesir con su poder, y en un primer momento con entusiasmo solicitaron sus servicios. Después de algún tiempo, sin embargo, se dieron cuenta de que habían dejado de lado sus valores de obediencia, lealtad a la familia, y el honor de sus deseos egoístas. Culpando a Freyja de sus problemas, intentaron tres veces que muriera quemada, pero cada vez renacía.

. . .

Este episodio engendró el odio y el miedo entre los dos clanes de dioses, y rápidamente provocó el estallido de una guerra.

Los Aesir lucharon con armas y fuerza bruta, mientras que los Vanir utilizaron la magia. La guerra duró mucho tiempo, y cada bando se impuso en distintos momentos.

Con el tiempo, ambos bandos se cansaron de luchar y pactaron una tregua. Según las costumbres de la época, cada clan pagó tributo al otro enviando rehenes a vivir con ellos. Los Vanir enviaron a Njord, Freyr y Freyja a Asgard, mientras que los Aesir enviaron a Mímir y Hœnir a Vanaheim.

Njord y sus hijos tuvieron la suerte de disfrutar de una existencia bastante pacífica en Asgard. No puede decirse lo mismo de Mímir y Hœnir. Los Vanir no tardaron en darse cuenta de que Hœnir podía darles fantásticos consejos sobre cualquier problema, pero no comprendieron que esto sólo era así si tenía a Mímir con él. En realidad, Hœnir era un simplón torpe que nunca sabía qué decir a menos que Mímir se lo pidiera. Después de que Hœnir dijera a los Vanir "que decidan los demás" una vez más, empezaron a pensar que les habían engañado en el intercambio de rehenes. Cortaron la cabeza de Mímir y la enviaron de vuelta a Asgard. Cantando poemas y embalsamándola con hierbas, Odín pudo conservar la cabeza de Mímir para poder recibir consejos en tiempos de necesidad.

Sin embargo, ninguno de los dioses tenía interés en reiniciar la guerra por este incidente.

En su lugar, todos se reunieron y escupieron en un caldero como promesa de mantener la armonía entre ellos.

Su saliva creó a Kvasir, que era el más sabio de todos los seres.

## Ragnarök

Ragnarök significa "el fin de los dioses". Este es el nombre que los nórdicos daban al fin definitivo de su cosmos y su posterior renacimiento.

Los sueños y las profecías habían predicho durante mucho tiempo la destrucción del cosmos y de todo lo que vivía en él. Una vez que se cumplió el primer requisito profetizado, la muerte de Baldr, los dioses se vieron obligados a afrontar el hecho de que no escaparían a su destino. Odín comenzó a reunir a los mejores guerreros humanos en el Valhalla para que le ayudaran a luchar en la última batalla contra los gigantes. Pero por mucho que se prepararan, los dioses sabían que no había forma de evitar su desaparición.

A medida que se acerque el Ragnarök, la población humana abandonará su modo de vida habitual y caerá en un profundo malestar. Lo mismo podría decirse de los dioses.

Muchos romperán juramentos y caerán en otras faltas.

Entonces llegarán tres inviernos, uno tras otro, sin verano entre ellos. Esta devastadora oscuridad y frigidez recibe el nombre de Fimbulwinter, el Gran Invierno.

Loki y Fenrir se liberarán de sus ataduras y comenzarán a causar estragos en los Nueve Mundos mientras Yggdrasil, el gran árbol, comienza a temblar. Heimdallr, el clarividente, verá acercarse un enorme ejército de gigantes. Entre ellos estará Loki, al mando de la nave Naglfar. Heimdallr alertará a los dioses.

. . .

Los gigantes comenzarán a destruir el mundo y el cosmos.

Fenrir correrá por la tierra, con la mandíbula superior hacia el cielo y la inferior hacia la Tierra, consumiéndolo todo entre ambas. Incluso devorará el sol. Surtr, un gigante primordial con una espada de fuego, surcará el mundo y dejará un infierno a su paso.

Los dioses lucharán valientemente hasta el final. Thor y Jörmungandr se matarán mutuamente, al igual que Freyr y Surtr, y Loki y Heimdallr. Fenrir finalmente terminará de devorar a Tyr, y luego consumirá a Odín antes de ser asesinado por Víðarr.

Finalmente, la tierra se hundirá en el mar y desaparecerá bajo las olas. Ginnungagap, el anti-cosmos, reinará de nuevo.

Sin embargo, no lo hará para siempre. La tierra saldrá del océano y Baldr regresará del inframundo. La tierra será aún más fructífera y exuberante que antes. Líf y Lífþrasir, una pareja humana, despertarán al mundo. Los dioses regresarán y reanudarán sus vidas.

. . .

Mucha gente considera que el Ragnarök es esencialmente sinónimo del fin de los tiempos cristiano, pero los historiadores creen que el Ragnarök sólo describe el final de un ciclo. Después de la destrucción, hay una reforma. A ésta le seguirá otro Ragnarök, y así para siempre. Así que, en lugar de un principio y un final en línea recta, la mitología nórdica concibe el nacimiento y la muerte en un círculo; un ciclo interminable.

Esto nos ayuda a comprender el significado del Ragnarök.

Los ciclos existen en tantas cosas: la evolución y extinción de las especies, el nacimiento y la muerte de organismos individuales, las fases de la luna, la alternancia del día y la noche, la procesión de las estaciones.

El crepúsculo de los dioses muestra lo que los vikingos veían con cada puesta de sol, el otoño, la luna menguante y el declive personal hacia la vejez.

**Otros conceptos y personajes**

**Destino**

. . .

Uno de los conceptos más importantes de las creencias nórdicas precristianas era el del destino, conocido como urd en nórdico antiguo. Urd tenía el mismo origen indoeuropeo que el karma hindú y la idea griega del destino, pero desarrolló sus propias características.

Para entender las opiniones vikingas sobre el destino, hay que comprender el significado de Yggdrasil y el Pozo de Urd. Ya hemos tratado estos temas, pero como recordatorio, Yggdrasil es el árbol que contiene los Nueve Mundos que componen el cosmos. Este árbol crece del Pozo de Urd, y la imagen del agua es una parte crucial de la concepción nórdica del destino.

El ciclo del agua demuestra que el mundo existe en un plano circular y no lineal. El destino fluye a través de él, siguiendo el curso del agua.

El destino es la fuerza que hace que el pasado influya en el presente, que a su vez influye en el pasado.

Las Norns viven dentro del Pozo de Urd y tallan en el árbol los destinos tanto de los dioses como de las personas. Esto nos da otra imagen del pasado, que es el pozo, influyendo en el presente, que es el árbol. Todo lo que vive en el cosmos está sujeto a las tallas de las Norns.

Sin embargo, es imprescindible comprender que lo que las Norns esculpen es sólo el resultado más probable, no el único posible. A diferencia de las Parcas griegas, la palabra de las Norns no es necesariamente absoluta. Todos los que tienen un destino tienen el poder de cambiar su destino, así como el de los demás, y todos utilizan este poder de una forma u otra, al menos pasivamente.

Sin embargo, hay algunos que toman el destino en sus manos y trabajan activamente para cambiarlo utilizando la magia. Puede que sólo haya tres Norns principales, N mayúscula, pero hay una serie de norns, n minúscula, que son practicantes de la magia. Los Norns son los principales forjadores del destino, pero no son ni mucho menos los únicos que pueden alterar el curso del futuro.

## Valquirias

Las Valquirias, VAL-ker-ees, son espíritus femeninos que ayudan a Odín. Su nombre significa "escogedoras de los caídos". Hoy en día, las valquirias son vistas como doncellas nobles y elegantes, lo cual es relativamente exacto, pero algo selectivo. Las descripciones modernas tienden a sanear a las valquirias, centrándose en sus relaciones con los hombres y en su papel a la hora de llevar al Valhalla a los guerreros muertos favoritos de Odín.

Aterradoras pero hermosas, las valquirias son mujeres vírgenes que luchan en las guerras. Puede haber seis, nueve o trece valquirias a la vez. Montan a caballo y se equipan con las armas de guerra, pero no siempre las utilizan. Si una valquiria es vista por un humano sin su disfraz, no podrá volver a entrar en el Valhalla.

Estos espíritus eligen quién morirá durante una batalla, por lo que muchos guerreros hacen sacrificios a las valquirias para asegurarse de que volverán a casa sanos y salvos. A menudo se las compara con pájaros porque planean en el cielo sobre el campo de batalla mientras seleccionan a sus víctimas. Llevan a los elegidos al Valhalla o al Fólkvangr de Freyja.

Estos rasgos se han representado sistemáticamente a lo largo de la historia, pero los relatos más antiguos muestran que las valquirias tenían originalmente un lado más malicioso.

. . .

No sólo elegían a los héroes muertos que podían vivir en el Valhalla y luchar con Odín en el Ragnarök, sino que también utilizaban su magia para matar a guerreros ordinarios que no podían esperar tal recompensa.

Hay muchos ejemplos de valquirias que eligen a dedo quién vivirá y quién morirá. Una de las historias más truculentas es la de doce valquirias que, antes de la batalla de Clontarf, se sientan y tejen el destino de la batalla. El hilo está hecho de intestinos; utilizan cabezas como pesas, y flechas y espadas como agujas. Mientras tejen, entonan cánticos de inquietante alegría.

## Valhalla

Valhalla significa "sala de los caídos" y es donde Odín acoge a los muertos dignos. El Valhalla se describe como brillante y dorado. El techo está hecho de escudos y las vigas, de lanzas. Las mesas del banquete están rodeadas de asientos hechos con corazas. Los lobos custodian las puertas y un águila vuela por encima.

. . .

Algunas descripciones del Valhalla sitúan la gran sala en Asgard, pero otras fuentes sugieren que se encontraba bajo tierra. Las constantes batallas que allí tienen lugar son el rasgo definitorio del Valhalla.

Snorri Sturluson es la única persona que escribió sobre quién cumplía los requisitos para entrar en el Valhalla.

Snorri tergiversó la verdad en muchas cosas, por lo que no es necesariamente una fuente fiable. Afirmó que cualquiera que muriera durante una batalla podía entrar en el Valhalla.

También dijo que cualquiera que muriera por enfermedad u otras causas naturales iría a Hel. Sin embargo, ninguna otra fuente hace esta distinción, y varias la contradicen - y Snorri incluso se contradijo en su relato de la muerte de Baldr.

Es muy probable que Snorri inventara estas diferencias entre Valhalla y Hel basándose en sus creencias cristianas, pero aun así, probablemente no estaba del todo equivocado.

· · ·

La entrada al Valhalla se concedía a quien las Valquirias y Odín eligieran, y probablemente eligieron a los guerreros que finalmente formarían parte del ejército de Odín en el Ragnarök.

## Einherjar

Einherjar, ane-HAIR-yar, es el nombre que reciben los espíritus de los guerreros muertos que viven en el Valhalla. Los guerreros vikingos los envidiaban y soñaban con convertirse en einherjar al morir. La palabra einherjar significa "los que luchan solos", lo que resulta confuso porque ninguna fuente los muestra luchando solos. Algunos lingüistas sospechan que la palabra puede proceder de una raíz más antigua que significaba "los que pertenecen a un ejército".

Durante el día, los einherjar luchan entre sí y realizan otras valerosas hazañas. Cada noche, sus heridas se curan y recuperan la salud. Para ayudarles a reponer fuerzas después de un día entero de batalla, sus cenas son enormes. Comen carne de Sæhrímnir, un jabalí que vuelve a la vida cada vez que lo matan. La cabra Heiðrún les da de beber hidromiel.

. . .

Disfrutan de un sinfín de deliciosas comidas y bebidas mientras las Valquirias les atienden.

Odín no mantenía einherjar sólo para recompensarles por su valor, o para su propia diversión. Tenía un propósito, y todos los einherjar fueron elegidos con ese propósito en mente. Los einherjar estaban destinados a luchar junto a Odín durante su batalla final en el Ragnarök. A pesar de sus valientes esfuerzos, todos caerán cuando Odín lo haga, y desaparecerán con el cosmos.

## Las Norns

Las Norns son tres mujeres que controlan el destino del cosmos (al menos en mayor medida que nadie, como ya se ha dicho). Viven en el Pozo de Urd, bajo Yggdrasil, y normalmente se las describe tallando runas en el tronco del árbol para controlar el destino. En algunas historias, sin embargo, tejen el destino en un tapiz o una telaraña.

Existen dos teorías sobre la etimología de la palabra Norn.

. . .

Puede proceder de una palabra que significa "enredar", o puede estar relacionada con "norna", que significa "comunicar en secreto" en un dialecto del sueco.

Los nombres de las Nornas son Skuld (lo que será), Verðandi (lo que está naciendo) y Urðr (lo que una vez fue).

Esto ha llevado a la idea errónea de que las tres mujeres corresponden al concepto lineal de pasado, presente y futuro. Una mejor manera de verlo es pasado, presente y necesidad, que es más fácil de alinear con un concepto cíclico del mundo. Es incluso más acertado considerar que las Norns representan distintas partes del destino que se entrelazan y fluyen con el tiempo.

Las Norns eran gigantas (aunque Skuld, la más joven, podría haber sido también una valquiria).

Cuando llegaron a Yggdrasil desde Jotunheim, pusieron fin a la edad de oro de los dioses. Sin embargo, su relación posterior fue más de coexistencia que de conflicto. Cada mañana, las Norns colocaban un gallo en lo alto de Yggdrasil para que su canto despertara a los Aesir. Después, las Norns cogían agua del Pozo de Urd y regaban Yggdrasil con ella para mantener el árbol sano y verde.

. . .

Los vikingos veneraban a las Nornas, sobre todo en los nacimientos. Cuando nacía un niño, las Norns lo visitaban para decidir su futuro. Era una práctica común servir a la mujer que acababa de dar a luz un tazón de gachas conocido como gachas de Norn. Con esta ofrenda, los vikingos esperaban complacer a las Norns y asegurar la buena salud de la madre y el niño.

El destino de cada ser del cosmos dependía de la benevolencia -o malevolencia- de las Norns. Cuando alguien sufría una desgracia, culpaba a las Norns de sus problemas.

En las historias en las que las Norns dictan sentencia, ésta significa la muerte para la persona juzgada.

Snorri escribe sobre otros norns menos conocidos. También afirma que existen diferentes razas de norns, una por cada mundo habitado. Sin embargo, éste es uno de los aspectos menos aceptados de los escritos de Snorri.

**Kvasir**

. . .

Kvasir, KVAHSS-eer, fue creado por los dioses Vanir y Aesir como parte de la tregua que puso fin a su guerra. Sellaron la tregua creando juntos una bebida alcohólica mediante un antiguo método comunal en el que todos masticaban bayas y las escupían en un caldero. Cuando fermentaron el líquido resultante, se convirtió en el dios Kvasir. Su nombre procede probablemente de la palabra noruega "kvase", que significa "zumo de bayas fermentado".

Kvasir era el más sabio de todos los seres del cosmos y siempre tenía una respuesta para cada pregunta que se le hacía. Se convirtió en un vagabundo y viajó compartiendo su sabiduría con todos los que encontraba por el camino.

Pero cuando llegó a la casa de los enanos Galar y Fjalar, éstos lo mataron. Drenaron su sangre, la colocaron en tres recipientes, la mezclaron con miel y así crearon el hidromiel de la poesía. Cuando los otros dioses vinieron a buscarlo, los enanos les dijeron que Kvasir se había asfixiado por tener demasiada sabiduría.

No hay pruebas de que hubiera más de un Kvasir; era una figura única que ejemplificaba las cualidades del hidromiel de la poesía.

. . .

Sin embargo, el hidromiel pronto pasó a ser propiedad de Odín, por lo que muchas de las características de Kvasir también se asocian a Odín.

## El Mead de la poesía

A veces conocido como Óðrerir (agitador de la inspiración), el hidromiel de la poesía transformaba a cualquiera que lo bebiera en erudito o poeta. Esta es la historia de cómo Odín lo adquirió después de que Galar y Fjalar lo elaboraran con la sangre de Kvasir.

Al parecer, los dos enanos disfrutaban asesinando. Poco después de deshacerse de Kvasir, se llevaron al gigante Gilling al mar para ahogarlo por diversión. Molestos por los lamentos de la esposa de Gilling, también la mataron, dejando caer una piedra de molino sobre su cabeza cuando entraba en su casa.

Esta hazaña les metió en problemas. Cuando el hijo de Gilling, Suttung, se enteró de la muerte de sus padres, capturó a los enanos y los llevó a un arrecife durante la marea baja. Cuando el agua subió, los enanos suplicaron ser liberados. Suttung accedió con la condición de que le dieran todo el hidromiel que habían hecho de Kvasir. Entonces lo escondió en una cámara secreta dentro de la montaña Hnitbjorg y puso a su hija, Gunnlod, a custodiarlo.

Odín, que siempre buscaba ampliar su sabiduría, consideró un desperdicio que el hidromiel se estuviera acumulando. Rápidamente se dispuso a adquirirlo para sí mismo y para cualquiera que considerase digno.

Se disfrazó de peón de campo y viajó a la granja de Baugi, el hermano de Suttung. Cuando llegó, nueve sirvientes estaban segando el heno. Odín sacó una piedra de afilar de su capa y les preguntó si querían que les afilara las guadañas. Todos aceptaron y, cuando terminó, quedaron asombrados de lo bien que cortaban las guadañas. Todos se maravillaron con la piedra de afilar, y todos quisieron comprarla. Odín dijo que se la daría, que no la vendería, pero que tendría un precio. Lanzó la piedra al aire. Cuando los sirvientes se apresuraron a cogerla, acabaron matándose unos a otros con sus guadañas, ahora afiladas como cuchillas.

Odín se dirigió a la casa de Baugi y se presentó como Bolverkr. Informando a Baugi de que sus sirvientes se habían matado entre sí en una discusión, se ofreció a hacer su trabajo a cambio de un sorbo del hidromiel de la poesía.

Baugi le dijo que él no controlaba el hidromiel, pero que si Bolverkr realmente podía hacer el trabajo de nueve hombres, intentaría persuadir a Suttung para que le diera un poco.

Odín trabajó en los campos de Baugi durante toda una temporada, recogiendo la cosecha y cumpliendo su parte del trato. Baugi le acompañó a casa de Suttung y le pidió un poco del hidromiel, pero Suttung se negó rápida y airadamente.

Recordándole su trato, Odín convenció a Baugi para que le ayudara a entrar en la morada de Gunnlod, en el interior de la montaña Hnitbjorg. Viajaron a la parte de la ladera que Baugi creía más cercana a su cámara, y Odín le dio a Baugi un taladro para que pudiera perforar la roca.

El gigante empezó a taladrar y rápidamente le dijo a Odín que había terminado. Odín sopló en el agujero, pero el polvo le estalló en la cara. Odín le dijo a Baugi que tenía que terminar de perforar toda la roca. Baugi comenzó a perforar de nuevo. Esta vez, cuando le dijo a Odín que había terminado y éste sopló en el agujero, el polvo lo atravesó. Odín le dio las gracias, se transformó en serpiente y se deslizó por el agujero.

Una vez dentro de la cámara de Gunnlod, éste se transformó en un hombre encantador y rápidamente la sedujo. Le prometió que le daría tres sorbos de hidromiel si se acostaba con ella durante tres noches. La tercera noche, Odín consumió todo el contenido de cada recipiente de hidromiel de un sorbo.

Inmediatamente después, se transformó en águila y emprendió el vuelo de regreso hacia Asgard. Suttung descubrió rápidamente lo sucedido, se transformó también en águila y emprendió el vuelo tras él. Cuando los otros dioses Aesir vieron que Odín era perseguido por Suttung, salieron a protegerlo. Odín llegó a Asgard antes de que Suttung pudiera alcanzarlo, y Suttung se retiró furioso.

Aún en forma de águila, Odín regurgitó todo el hidromiel en sus propios recipientes. Algunas gotas goteaban de su pico y aterrizaban en Midgard, y de ahí procedían los eruditos mediocres y los malos poetas; los eruditos y poetas más dignos eran elegidos por Odín y recibían una dosis más eficaz del hidromiel de la poesía.

Aunque este cuento es entretenido, también demuestra algunas grandes diferencias entre cómo vemos el mundo hoy y cómo lo veían los vikingos. Hoy creemos que controlamos nuestros propios pensamientos y que nuestro conocimiento procede de un proceso de razonamiento basado en suposiciones lógicas. La historia del Mead de la Poesía nos muestra que los nórdicos precristianos creían que recibían percepciones y conocimientos de Odín en lugar de a través de pruebas lógicas.

El uso de un hidromiel mítico para ilustrar este punto tampoco fue una elección al azar.

Uno de sus principales rituales, el sumbl, se centraba en beber alcohol para entrar en un estado de éxtasis. Creían que la gente era más capaz de comprender la verdad en este estado: El bebedor se acercaba más a los dioses.

**Dísir**

. . .

Las dísir, DEE-seer, son espíritus femeninos que cambian de forma. El singular de dísir en nórdico antiguo, dís, significa diosa o mujer, pero es casi imposible hacer una distinción clara entre las dísir y otros seres espirituales. Por ejemplo, a veces se llamaba a las valquirias "dísir de Odín" y, al igual que las landvættir, las dísir velaban por los individuos, las familias y los barrios. Al igual que las Norns, desempeñaban un papel en el destino, los atributos, la suerte y el bienestar de cada individuo. El hecho de que a menudo se represente a los dísir como espíritus ancestrales que cuidan de sus descendientes también muestra cierto grado de solapamiento con los elfos.

Los dísir tenían aspectos tanto benévolos como malévolos y, aunque se les asociaba con la muerte, no había acuerdo sobre cómo. Algunos vikingos creían que eran dañinos, pero otros pensaban que velaban por las personas que lloraban la muerte de un ser querido.

Los países escandinavos celebraban festivales de invierno en honor al dísir. En Islandia y Noruega, la fiesta se llamaba Dísablót y tenía lugar al principio del invierno. La ceremonia, que se celebraba en un templo o en casa de alguien, consistía en un sacrificio seguido de un suntuoso banquete.

. . .

A menudo se honraba a las valquirias y al dísir. Los suecos celebraban su fiesta, Disting, a principios de febrero, pero no se sabe mucho de ella.

Dada la vaguedad y la falta de información, ¿cómo podemos entender el dísir? Hay que recordar que las creencias paganas no estaban tan codificadas ni sistematizadas como las grandes religiones actuales. Los nórdicos nunca tuvieron un conjunto de doctrinas que dijeran exactamente qué significaba el dísir (o cualquier otra cosa), por lo que la contradicción y confusión en los diferentes textos no debería sorprendernos. Este sistema de creencias era una tradición viva que variaba según la época y el lugar.

Así pues, no existe una respuesta concluyente sobre quiénes eran las dísir. No cabe duda de que eran mujeres, y parece que constituían un grupo espiritual distinto, al menos lo bastante distinto como para justificar su propio festival, pero la forma en que se relacionaban y solapaban con otros espíritus femeninos es una cuestión de interpretación.

**La caza salvaje**

. . .

La caza salvaje aparece en varias mitologías antiguas. Los escandinavos la llamaban Oskoreia (cabalgata terrorífica) u Odensjakt (caza de Odín). Se desplazaba por el bosque en pleno invierno, la época más oscura y fría del año. Si alguien se encontraba en el exterior al anochecer, podía ver esta procesión fantasmal; si tenía mala suerte, la Cacería Salvaje podía descubrirlo y llevárselo a kilómetros de distancia de su hogar, o algo peor. Algunos hechiceros permitían que se llevaran su espíritu, mientras su cuerpo yacía en la cama como dormido, porque creían que la experiencia aumentaría su destreza mágica. Si llegaba a un pueblo, la Cacería Salvaje causaría estragos.

Existen muchas historias sobre la Caza Salvaje, en las que se mencionan varios líderes diferentes. Sin embargo, Odín es sin duda la figura más estrechamente asociada con la Caza Salvaje. Dos de los apodos de Odín indican que también se le asociaba con el pleno invierno, que era cuando se celebraba la festividad de Yule. También está relacionado con la Caza Salvaje de otra forma, a través de las misiones chamánicas en las que recorría los Nueve Mundos montado en su caballo Sleipnir.

Sleipnir

.  .  .

Sleipnir, SLAYP-neer, era el caballo volador de ocho patas de Odín. Era uno de los varios espíritus chamánicos que poseía Odín, incluidos los cuervos Huginn y Muninn.

Sleipnir puede clasificarse como un fylgja, un espíritu acompañante. Odín lo monta por los Nueve Mundos cuando emprende sus aventuras.

La posesión de un caballo de ocho patas es un motivo común para los chamanes en muchas tradiciones indígenas de todo el mundo, pero la historia del origen de Sleipnir es única:

Un herrero llegó un día a Asgard y se ofreció a construir un muro a su alrededor para ayudar a proteger a los Aesir de cualquier cosa que quisiera hacerles daño. El herrero era probablemente un gigante, y dijo que podría hacer el trabajo en sólo tres estaciones. Como pago, quería la luna y el sol, y también quería casarse con Freyja.

Los dioses hablaron entre sí, pero Freyja se opuso a la idea.

. . .

Loki sugirió entonces que debían aceptar las condiciones del herrero, pero sólo si podía completar el muro en un solo invierno sin más ayuda que la de su caballo.

Eso sería demasiado difícil de lograr, dijo, así que acabarían consiguiendo la mayor parte de un muro sin tener que renunciar a la luna, el sol o Freyja. Después de un rato, los otros dioses aceptaron el plan de Loki.

Así lo hizo el herrero; pero hizo jurar a los dioses que mantendrían su promesa, y que él permanecería a salvo mientras estuviera en Asgard.

El herrero empezó a construir el muro, y los dioses se asombraron de lo rápido que trabajaba. Y su semental, Svaðilfari, ¡hacía el doble de trabajo que el propio herrero! Svaðilfari traía enormes rocas de canteras lejanas para añadirlas a la construcción. Cuando se acercaba el final del invierno, el herrero ya había construido el muro tan alto que era casi impenetrable para cualquier enemigo.

Alarmantemente, era obvio que no tardaría mucho más en terminar. Las piedras alrededor de la puerta eran lo único que faltaba.

· · ·

Los dioses se enfadaron con Loki por haberles dado tan malos consejos. Amenazaron con matarlo a menos que encontrara una forma de impedir que el herrero terminara el muro a tiempo. Loki les rogó que no le mataran y prometió encontrar una solución.

Al caer la noche, el herrero y Svaðilfari se aventuraron en el bosque en busca de más piedras. Loki, disfrazado de yegua, se encontró con ellos en su camino. Relinchó al semental.

Tan pronto como Svaðilfari vio a la yegua, su corazón fue suyo. Soltó las riendas y salió tras ella. Los caballos estuvieron fuera toda la noche, y a la mañana siguiente seguían desaparecidos.

Solo, el herrero no pudo terminar el muro a tiempo, y los dioses le dieron el pago que creían que se merecía: un golpe del martillo de Thor que le destrozó la cabeza en trozos del tamaño de migas de pan.

Mientras tanto, en el bosque, Svaðilfari evidentemente había alcanzado a Loki. Alrededor de un año más tarde,

Loki dio a luz a Sleipnir.

## Runas

El antiguo sistema de escritura nórdico utilizaba un alfabeto rúnico. Sus mitos, si estaban escritos, lo estaban en runas.

Las runas eran similares a las letras, pero funcionaban de forma distinta a las letras del alfabeto inglés.

Cada una era análoga a un símbolo pictográfico que representaba algún principio. Cuando alguien escribía una runa, también invocaba el poder que representaba la imagen. Cada runa tenía un nombre que transmitía un significado mágico, y el alfabeto se llamaba futhark por las seis primeras. Tradicionalmente, las runas se tallaban en metal, hueso, madera, piedra o cualquier otra superficie dura, en lugar de escribirse en papel.

## Sus orígenes

Hay muchas incertidumbres sobre los detalles de la escritura rúnica, pero existe un acuerdo general sobre sus líneas generales. Se cree que las runas evolucionaron a partir de algunos de los alfabetos itálicos antiguos utilizados entre los pueblos mediterráneos durante el primer siglo. Los símbolos germánicos autóctonos también influyeron en el desarrollo de la escritura rúnica.

Un broche fabricado en lo que hoy es el norte de Alemania en el año 50 d.C. puede llevar escritura rúnica; sin embargo, algunos estudiosos creen que esta inscripción es romana y no rúnica. Las primeras inscripciones rúnicas universalmente aceptadas aparecen en un peine de Vimose (en la actual Dinamarca) y en una punta de lanza de Noruega.

Ambas datan de alrededor del año 160 d.C. La talla más antigua de todo el futhark se encuentra en la piedra de Kylver, en Gotland (Suecia), que data del año 400 d.C. aproximadamente.

Digan lo que digan los eruditos modernos, los vikingos nunca habrían creído que sus runas procedían de una fuente tan mundana como el itálico antiguo. Para ellos, las runas no eran algo creado por el hombre, sino una característica primordial del universo tallada en la corteza del Yggdrasil por los Norns y descubierta por el propio Odín. Es de suponer que Odín transmitió el conocimiento de las runas al primer maestro rúnico humano.

Esto ayuda a explicar la creencia en el poder sobrenatural de las runas.

## Filosofía y magia

Para los vikingos, la palabra hablada tenía un enorme poder para influir en el mundo y en la vida de las personas. Una vez que se decía algo, no podía retirarse, y las consecuencias no podían evitarse. Las palabras hacían la realidad en lugar de que la realidad hiciera las palabras. Es decir, las palabras no reflejaban la percepción que una persona tenía del mundo, sino que su experiencia y comprensión del mundo venían determinadas por lo que decía. Decir lo que uno pensaba era inaudito, porque una vez dicho cambiaba el curso de la realidad.

Cada runa era una representación de un fonema, que es la unidad más pequeña de sonido. Algunos lingüistas estudian la relación entre el significado de las palabras y sus sonidos.

Este campo se denomina fonosemántica y hace hincapié en la conexión entre el sonido de una palabra y su significado.

· · ·

Desde este punto de vista, cada fonema tiene su propio significado.

La fonosemántica se remonta a la creencia de que las palabras pueden crear la realidad. Como las runas son dibujos de fonemas, importan el poder creativo del lenguaje a un medio visual. El significado de una runa como letra es sólo su segundo significado; el primero es secreto. (Obviamente, si las runas no tuvieran nada de secreto, Odín no habría tenido que pasar por lo que pasó para descubrirlas).

Los vikingos creían que las personas y otros seres podían utilizar runas. Esto les permitía comunicarse con el mundo espiritual y constituía la base de muchos hechizos mágicos.

**El yo y sus partes**

En la filosofía moderna, el yo se compone de mente, cuerpo y alma. Estas tres partes forman un todo claramente separado del entorno. Para los nórdicos, el yo era algo más complicado. También creían en un yo multipartito, pero para ellos las partes no formaban una "unidad" indivisible.

. . .

Las cuatro partes del yo vikingo -hamr, hugr, fylgja y hamingja- eran en cierto modo autónomas y podían separarse en las circunstancias adecuadas. Ninguna de ellas correspondía a un alma.


## Hamr


El significado de hamr es "piel" o "forma". Es la apariencia de una persona, cómo la perciben los demás basándose en la observación. Esta percepción no es inalterable ni absoluta, y hamr es también una de las palabras más importantes del léxico nórdico antiguo en torno al cambio de forma, que se describía como "cambiar de hamr".


Hamingja


Hamingja, pronunciado HAHM-ing-ya, se utilizaba para designar la suerte de forma abstracta, pero la forma en que los nórdicos entendían la suerte era muy distinta a como la entendemos nosotros. La suerte era una entidad propia.

Formaba parte de la persona y podía separarse de ella

en determinadas circunstancias. Cuando alguien moría, su hamingja se transfería a un descendiente, a menudo un niño al que se le daba su nombre. Aunque la hamingja podía legarse a un pariente por voluntad propia, también podía prestarse a una persona que tuviera problemas.

## Fylgja

Los fylgjur, FLIG-yur, eran espíritus familiares que seguían a la gente. Son bastante comunes en los cuentos populares europeos. Normalmente, el fylgja de una persona tenía una forma que reflejaba su carácter. Una persona noble podía tener un oso como fylgja, una persona violenta un lobo y una persona glotona un cerdo, por ejemplo. Sin embargo, un fylgja humano no era completamente inaudito. En cualquier caso, sólo podían verlos las personas bendecidas con la segunda vista.

El bienestar de un fylgja estaba ligado al de su dueño. Así, si una fylgja moría, también lo haría su dueño, y viceversa.

## Hugr

. . .

Hugr se traduce como "mente" o "pensamiento".

Esta parte del ser corresponde a los procesos cognitivos de una persona. Es lo que llamaríamos el yo interior. Normalmente, el hugr permanece en el interior de su dueño, pero alguien con un hugr especialmente fuerte a veces puede hacer que le ocurra algo a otra persona con sólo pensar en ella.

## La muerte y el más allá

Los vikingos nunca tuvieron doctrinas rígidas sobre lo que les ocurría a las personas después de morir. Pero eso no quiere decir que sus opiniones al respecto fueran totalmente caóticas, y de las fuentes disponibles podemos extraer algunas pautas discernibles sobre cómo veían la muerte y el más allá.

Se creía que el espíritu del difunto viajaba a uno de varios mundos. Las distinciones entre ellos son algo borrosas, y no existe un entendimiento definitivo sobre quién sería enviado a un mundo específico, así que ten en cuenta que lo que sigue es algo así como una simplificación.

· · ·

El más famoso -y deseado- de los mundos de ultratumba era sin duda el Valhalla, donde los héroes elegidos personalmente por Odín y sus valquirias pasaban su eternidad preparándose para el Ragnarök. Le seguía de cerca Fólkvangr, gobernado por Freyja.

Lamentablemente, Fólkvangr, que significa "el campo del pueblo", sólo se menciona escasamente en unos pocos textos, por lo que no se sabe mucho sobre él.

Cualquiera que muriera en el mar, un destino relativamente común para los vikingos marineros, podía ser llevado a la morada submarina de la giganta Rán.

En general, los muertos iban a Hel, el inframundo supervisado por la diosa del mismo nombre. Las familias permanecían allí juntas, ocupando una región de Hel cercana a la región de Midgard en la que habían vivido. Su existencia en el más allá también era muy parecida a la de sus vidas terrenales. Comían y bebían, dormían, luchaban y se divertían, e incluso podían practicar magia si lo habían hecho en vida.

También hay algunas fuentes que describen a los muertos renaciendo como sus propios descendientes. A diferencia de la reencarnación al estilo oriental, los vikingos nunca renacían en una línea de sangre o especie diferente, y lo más habitual era que su espíritu entrara en un bebé llamado como ellos.

En la actualidad, la mayoría de la gente espera que la vida después de la muerte sea una recompensa o un castigo por la forma en que llevan sus vidas, pero la salvación y la condenación no formaban parte de la visión nórdica del mundo. No hay absolutamente nada parecido al Cielo o al Infierno entre las vidas posteriores de la mitología nórdica.

Los nombres Infierno y Hel proceden de la misma raíz, pero eso y su supuesta ubicación subterránea son lo único que tienen en común.

El Völuspá menciona un más allá punitivo: Náströnd, que significa "orilla de cadáveres". Contiene una puerta orientada al norte y un techo que gotea veneno, y la serpiente Níðhöggr se enrosca por el suelo dándose un festín con los cadáveres de los malhechores. Sin embargo, este poema está muy influido por el cristianismo, por lo que puede no reflejar las auténticas creencias nórdicas.

# 5

# Cosas importantes para la cultura vikinga

AL IGUAL que el cristianismo tiene su cruz y el judaísmo su estrella de David, los vikingos poseían diversos objetos y símbolos importantes para su cultura. Lo que sigue es un glosario de los que más se repetían a lo largo de sus historias y mitos.

## Objetos de la mitología nórdica

### Andvarinaut

Andvarinaut es un anillo maldito que produce mágicamente ocho anillos nuevos cada nueve días, cada uno de la misma calidad que el original.

· · ·

El anillo perteneció por primera vez al enano Andvari, quien, después de que Loki le engañara para que renunciara a él, lo maldijo para que quien lo llevara sufriera mala suerte y, en última instancia, la destrucción. Andvarinaut parece haber inspirado Der Ring des Nibelungen de Richard Wagner y, a través de él, El Señor de los Anillos de J.R.R. Tolkien.

## Boðn

Boðn es una de las tres tinajas que contienen la sangre sagrada de Kvasir, junto con Óðrerir y Són.

Brísingamen es un collar de oro llameante y resplandeciente. Versiones del mismo aparecen en muchas religiones y mitologías diferentes. En la tradición vikinga, el collar pertenecía a la diosa Freyja y lo fabricaban cuatro enanos de gran talento llamados Dvalinn, Alfrik, Berling y Grer.

## Caldero de Hymir

El Caldero de Hymir es un caldero mágico de la mitología nórdica. Según la leyenda, perteneció al gigante

Hymir, conocido por su fuerza y tamaño. Se dice que el caldero era tan grande que podía contener hidromiel suficiente para saciar la sed de todos los dioses de Asgard.

La historia del Caldero de Hymir se narra en el cuento de Thor y el gigante Hymir. En esta historia, Thor e Hymir van a pescar al mar de Jotunheim. Hymir no está contento con esto, ya que cree que Thor es demasiado débil para manejar la fuerza del mar. Sin embargo, Thor consigue pescar dos ballenas, que utiliza como cebo para atrapar a la Serpiente de Midgard.

Tras la excursión de pesca, Thor e Hymir regresan a la sala de Hymir, donde Hymir reta a Thor a romper su copa. Thor lo hace con facilidad, y luego exige que Hymir le muestre su caldero. Hymir accede a regañadientes, y Thor ve que el caldero es tan grande que ocupa una habitación entera.

Thor exige entonces a Hymir que le permita llevar el caldero a Asgard, pero Hymir se niega. Thor utiliza entonces su martillo Mjolnir para romper el caldero en pedazos, que luego lleva de vuelta a Asgard.

Más tarde, el caldero fue reforjado por los enanos, que lo utilizaron para elaborar el hidromiel mágico que otorgaba sabiduría y poesía a los dioses. El hidromiel se almacenó en el caldero hasta que fue robado por el dios embaucador Loki, que se transformó en mosca para acceder al hidromiel.

Loki fue capturado por los dioses y castigado, pero el hidromiel ya había desaparecido.

El Caldero de Hymir está considerado uno de los artefactos mágicos más famosos de la mitología nórdica. Representa el poder y la fuerza de los gigantes, así como la importancia del hidromiel en la cultura nórdica.

## Dáinsleif

Dáinsleif es una espada extremadamente poderosa, pero maldita, fabricada por el enano Dáinn. Si alguien saca la espada de su vaina, debe matar a un hombre antes de poder volver a enfundarla. La espada es tan poderosa que todos los que han sido golpeados con ella han muerto al instante o han resultado heridos de muerte.

Draupnir

· · ·

Se trata de un anillo mágico de oro fabricado por los hermanos enanos Eitri y Brokkr. Al igual que Andvarinaut, Draupnir (gotero) produciría ocho nuevos anillos de oro cada nueve días, cada uno de la misma calidad que el original. La diferencia importante es que Draupnir no está maldito.

## Dromi

En la cultura nórdica, Dromi (a veces deletreado como Draumr) es un término que se refiere a un tipo específico de sueño profético. La palabra "Dromi" procede del nórdico antiguo y significa "sueño" o "visión".

Según la mitología nórdica, se creía que los sueños dromi eran mensajes poderosos y significativos enviados por los dioses, los espíritus o los antepasados. Se decía que estos sueños contenían mensajes y percepciones que podían proporcionar orientación, advertencias o revelaciones sobre el futuro.

En tra sociedad nórdica, los sueños dromi eran muy respetados y se consideraban una fuente de sabiduría y conocimiento. Se creía que algunos individuos tenían un don especial para interpretar los sueños dromi y que podían utilizar sus habilidades para orientar y aconsejar a los demás.

Un ejemplo famoso de sueños dromos en la mitología nórdica es la historia del héroe Sigurd, a quien se le predijo su futura grandeza a través de una serie de sueños proféticos. Otro ejemplo es el de la diosa Frigg, conocida por su capacidad para ver el futuro a través de sus sueños.

En general, los sueños dromi eran una parte importante de la cultura y la mitología nórdicas, y representaban una poderosa forma de comprender el funcionamiento del universo y los planes de los dioses.

**Eitr**

Esta sustancia es el origen de todos los seres vivos. Ymir, el primer gigante, fue creado a partir de ella. La producen Jörmungandr y otras serpientes, y es venenosa.

**Eldhrímnir**

. . .

Eldhrímnir (ennegrecido por el hollín) es otro caldero mágico. Eldhrímnir es muy importante para los dioses, ya que en este caldero se cocina cada noche el jabalí Sæhrímnir como su cena.

## Gjallarhorn

Gjallarhorn (cuerno sonoro), del que se rumorea que procede de un tipo de unicornio vikingo, es el cuerno del dios Heimdallr, guardián y protector de Bifröst. Cuando sopla en el cuerno, puede oírse en los Nueve Mundos. Es el cuerno que Heimdallr soplará en el Ragnarök.

## Gjöll

Gjöll es un río de la mitología nórdica que separa el reino de los vivos del reino de los muertos. Según la leyenda, el río atraviesa el oscuro inframundo de Niflheim, y se dice que es un lugar traicionero y peligroso.

En la mitología nórdica, Gjöll está custodiado por la giganta Móðguðr, que vigila el puente que cruza el río. El puente se conoce como Gjallarbrú, que significa "puente gritón", y se dice que está hecho de oro.

. . .

Según la leyenda, cuando una persona muere, su alma debe cruzar el Gjöll para llegar al más allá. Los que son considerados dignos por los dioses pueden cruzar el puente sanos y salvos, mientras que los indignos caen al río y son arrastrados por sus oscuras aguas.

También se dice que en Gjöll se encuentra la sala de la diosa Hel, donde residen las almas de los muertos por enfermedad o vejez. La sala se conoce como Helheim, y se describe como un lugar frío y sombrío, rodeado de altos muros y custodiado por feroces perros.

En general, Gjöll es un poderoso símbolo de la muerte y el más allá en la mitología nórdica.

Representa el viaje que todas las almas deben emprender cuando pasan del reino de los vivos al de los muertos, y subraya la importancia de llevar una vida digna y honorable para poder pasar a salvo.

## Gleipnir

Gleipnir es la correa irrompible que los enanos hicieron para atar al lobo Fenris al Gjöll. La correa es muy ligera pero mucho más fuerte que una cadena de hierro. Fue hecha de:

. . .

El sonido de los pasos de un gato
   La barba de una mujer
   Las raíces de una montaña
   Los tendones de un oso
   El aliento de un pez
   La saliva de un pájaro

## Gram

Gram, también conocida como Gramr, es una espada legendaria de la mitología nórdica. Según la leyenda, era una de las espadas más poderosas y mágicas que existían, y desempeñó un papel importante en varias historias y mitos.

Se dice que la espada fue creada por el legendario herrero Wayland el Herrero, que la forjó a partir de un fragmento de una espada mágica que perteneció al dios Odín.

Wayland entregó la espada al héroe Sigmund, que la utilizó con gran eficacia en la batalla.

. . .

Una de las historias más famosas de Gram es la de Sigmund y su hijo Sigurd. Según la leyenda, tras la muerte de Sigmund en combate, su espada quedó destrozada. Sigurd, decidido a vengar la muerte de su padre, salió en busca de una nueva espada. Finalmente fue conducido a un árbol donde una poderosa valquiria llamada Brynhildr yacía profundamente dormida. Sigurd la despertó y, a cambio, ella le dio una nueva espada, que él reconoció como la Gram reforjada.

Con la espada en la mano, Sigurd se convirtió en uno de los mayores héroes de la mitología nórdica. La utilizó para matar al dragón Fafnir y, más tarde, para vengar la muerte de su padre matando al malvado rey que había ordenado su muerte.

En general, el gramo es un símbolo de heroísmo y poder en la mitología nórdica. Representa la idea de que se pueden lograr grandes hazañas con la ayuda de armas poderosas y el favor de los dioses.

La espada se ha convertido en una parte importante de la mitología nórdica y sigue siendo un motivo popular en medios modernos como el cine y los videojuegos.

## Gullinbursti

· · ·

Gullinbursti es un jabalí, pero no uno cualquiera: éste tiene una melena llena de cerdas que brillan en la oscuridad. Lo crearon Brokkr y Eitri como parte de su apuesta con Loki cuando Eitri lanzó una piel de cerdo a la fragua mientras su hermano trabajaba en los fuelles.

## Gungnir

Gungnir es una lanza legendaria de la mitología nórdica, considerada una de las armas más poderosas y mágicas que existen. Está estrechamente asociada a Odín, el rey de los dioses, de quien se decía que blandía la lanza en la batalla.

Según la leyenda, Gungnir fue fabricada por los enanos, conocidos por su habilidad para crear objetos mágicos. Se decía que la lanza era indestructible y que nunca erraba el blanco. También se decía que estaba imbuida de una poderosa magia que aseguraba la victoria de Odín en la batalla.

Una de las historias más famosas relacionadas con Gungnir es la del autosacrificio de Odín. Según la leyenda, Odín se colgó del árbol del mundo Yggdrasil durante nueve días y nueve noches, sin comida ni agua, para adquirir sabiduría y perspicacia. Como resultado de su sacrificio, se le concedió el poder de las runas y se dice que consiguió el dominio absoluto sobre Gungnir.

En la mitología nórdica, Gungnir también está estrechamente relacionado con el concepto de destino. Se decía que cuando Odín lanzaba la lanza, su trayectoria no podía alterarse ni desviarse, y que su objetivo estaba destinado a ser alcanzado. Esta idea del destino era fundamental en la cultura nórdica, que creía que tanto los dioses como los mortales estaban sujetos a los caprichos del destino.

En general, Gungnir es un poderoso símbolo de poder y autoridad en la mitología nórdica. Representa la idea de que a través de la habilidad, el conocimiento y el sacrificio, uno puede obtener gran poder y dominio sobre el mundo que le rodea. Como tal, sigue siendo un motivo popular en los medios de comunicación y la cultura modernos, apareciendo en diversas formas como obras de arte, literatura y videojuegos.

Hofund

.   .   .

En la mitología nórdica, Hofund es una espada legendaria que empuñaba el dios Thor, mientras que Heimdallr era el vigilante de los dioses, y se encargaba de custodiar el Puente Bifrost, el puente arco iris que unía el reino de los dioses, Asgard, con el mundo de los mortales, Midgard.

Según algunas versiones de la mitología nórdica, Hofund no fue empuñada originalmente por Thor, sino que le fue entregada por Heimdallr. La historia cuenta que Heimdallr había entrado en posesión de la espada y reconoció su poder e importancia. Decidió que la espada debía ser empuñada por alguien digno de su poder y se la entregó a Thor, a quien consideró el candidato ideal.

En algunas versiones del mito, se dice que Heimdallr tenía su propia espada, llamada Headr, de la que se decía que era tan poderosa como Hofund. Sin embargo, otras versiones del mito no mencionan a Headr y se centran únicamente en Hofund.

Independientemente de su origen, el Hofund es un poderoso símbolo de fuerza y autoridad en la mitología nórdica.

· · ·

Representa la idea de que, mediante la habilidad, la determinación y el favor de los dioses, se puede vencer incluso a los adversarios más poderosos.

Del mismo modo, Heimdallr representa la idea de vigilancia y vigilancia, ya que era el responsable de custodiar el reino de los dioses y asegurarse de que sus enemigos no accedían a él.

Juntos, Hofund y Heimdallr sirven como poderosos símbolos del poder y la fuerza de los dioses en la mitología nórdica.

Representan la idea de que, mediante la habilidad, el conocimiento y la determinación, incluso los adversarios más poderosos pueden ser vencidos, y que los dioses siempre están atentos y vigilantes en la protección de su reino y su pueblo.

## Hringhorni

En la mitología nórdica, Hringhorni era un magnífico barco construido por el dios Baldr. Se decía que era uno de los barcos más grandes y hermosos jamás creados, y que tenía una cresta dorada y velas blancas brillantes. El barco se construyó como nave funeraria para Baldr, que fue asesinado por un dardo de muérdago lanzado por el dios embaucador Loki.

Según la leyenda, Hringhorni era lo bastante grande como para albergar a todos los dioses y diosas de Asgard, y estaba dotado de muchos adornos finos e intrincadas tallas. Se dice que era tan grande que tuvo que ser transportada a lomos de varios gigantes para ser lanzada al mar.

Tras la muerte de Baldr, su cuerpo fue depositado en la cubierta de Hringhorni, y el barco fue incendiado y enviado al mar. Mientras el barco navegaba en la distancia, los dioses lloraron a su camarada caído y entonaron canciones de lamento.

La historia de Hringhorni es un poderoso símbolo de la muerte y el renacimiento en la mitología nórdica. Representa la idea de que incluso los dioses más poderosos están sujetos a la muerte, pero que a través del sacrificio y el ritual puede nacer una nueva vida. El barco también es un poderoso símbolo de la importancia de la comunidad y el duelo compartido en la cultura nórdica, ya que todos los dioses y diosas se reunían para rendir homenaje a su camarada caído.

## Loeding

Loeding es la primera de las tres cadenas mágicas que se utilizaron para atar a Fenrir.

## Lævateinn

Lævateinn (ramita del daño) es la espada mágica de Loki.

## Megingjörð

Es el cinturón mágico de Thor, que le permite ser el doble de fuerte que cualquiera con el que luche.

## Mjölnir

Mjölnir es un arma legendaria de la mitología nórdica, empuñada por el dios Thor, dios del trueno y el relámpago. Se decía que el martillo era una de las armas más poderosas que existían y que era capaz de destruir montañas de un solo golpe.

Según la mitología nórdica, Mjölnir fue creado por los enanos, conocidos por su habilidad para fabricar armas mágicas. Se decía que el martillo estaba hecho de un metal raro y poderoso llamado Uru, que era increíblemente duradero y capaz de absorber energía mágica.

Se decía que Mjölnir estaba imbuido de numerosos y poderosos encantamientos que le conferían su increíble fuerza y durabilidad.

Se decía que era irrompible y que sólo podía blandirlo alguien a quien los dioses considerasen digno. El martillo también era capaz de controlar el rayo, con lo que Thor podía invocar tormentas y golpear a sus enemigos con potentes rayos.

Una de las historias más famosas relacionadas con Mjölnir es la de la batalla de Thor contra el gigante Thrym. Según la leyenda, Thrym robó Mjölnir a Thor y exigió a la diosa Freyja como esposa a cambio de su devolución. Para recuperar su martillo, Thor se disfrazó de Freyja y viajó al país de los gigantes. Allí recuperó su martillo y derrotó a Thrym en combate.

.   .   .

En general, Mjölnir es un símbolo de fuerza y poder en la mitología nórdica. Representa la idea de que, mediante la habilidad, la determinación y el favor de los dioses, se puede vencer incluso a los adversarios más poderosos.

## Óðrerir

Óðrerir es una de las tres vasijas mágicas que los enanos utilizan para almacenar el Aguamiel de la Poesía.

## Skíðblaðnir

Skíðblaðnir es la nave mágica de Freyr. Diseñado y construido por los enanos, tiene capacidad para todos los dioses, sus amantes y su equipo, pero es lo suficientemente pequeño como para ser doblado y guardado en el bolsillo de alguien. Puede navegar no sólo por el agua, sino también por tierra, e incluso volar por encima del cielo.

## Svalinn

.   .   .

Svalinn es un escudo especializado que protege a Sól del sol mientras cabalga en su carro.

## Tyrfing

Tyrfing es una espada mágica que se fabricó originalmente para Svafrlami cuando atrapó a los enanos Dvalinn y Durin y les obligó a fabricarle un arma que nunca fallara, que nunca se oxidara y que cortara el hierro y la roca con la misma facilidad que la ropa. Svafrlami también especificó que debía tener una empuñadura de oro. Los enanos fabricaron la espada tal como se les había ordenado, pero le impusieron tres maldiciones: Tyrfing mataría a un hombre cada vez que fuera desenvainada; causaría tres grandes males; y acabaría matando al propio Svafrlami.

Creencias escandinavas y germánicas

La importancia de las plantas, animales, seres y costumbres que se citan a continuación procede de creencias culturales más amplias que de mitos específicos. Se enumeran aquí porque ocupaban un lugar destacado en la visión del mundo de los vikingos, pero también es interesante observar las correspondencias entre otras mitologías antiguas e incluso religiones modernas.

· · ·

## Manzanas

Aún hoy, las manzanas y los manzanos conservan parte de su asociación de la Edad Vikinga con la fertilidad, el amor y la juventud. En la mitología nórdica, los dioses de Asgard comían manzanas de la juventud cuidadas por la diosa Iðunn. A diferencia de la fruta bíblica, sus manzanas no tenían nada que ver con el conocimiento prohibido o el pecado.

## Fresno

Abundante en Escandinavia, el fresno era sagrado para los nórdicos. Se creía que Yggdrasil era un fresno que se extendía por los Nueve Mundos.

## Día de Baldr

El día más largo del año, normalmente el 21 de junio, era designado por los vikingos como el Día de Baldr y se celebraba con grandes hogueras y fiestas. En algunos países escandinavos pervive una versión cristianizada de la tradición bajo el nombre de Noche de San Juan.

· · ·

## Cebada

Los vikingos cultivaban ampliamente la cebada y la utilizaban para hacer cerveza de malta. También era el símbolo del crecimiento primaveral. En la mitología nórdica, Freyr y Gerd se casaron en un campo de cebada llamado Barri.

## Gatos

Los vikingos solían sospechar que los gatos eran brujas o espíritus malignos disfrazados. La diosa Freyja, una poderosa hechicera, tenía un carro tirado por dos gatos grises o negros.

## Vacas

Las vacas simbolizaban a la gran madre de la creación, Auðumbla, y la fertilidad.

### Adivinación

Los vikingos creían firmemente que ciertas personas, animales y objetos podían ver el futuro. Empleaban rituales especializados para predecir el resultado de batallas, ceremonias y tiempos difíciles.

## Dragones

En la cosmología nórdica, el dragón Níðhöggr se alimenta de las raíces de Yggdrasil y de los cadáveres de quienes han muerto de forma deshonrosa. También se rumorea que los enanos utilizaban dragones para proteger su oro.

## Águilas

El águila era un símbolo de la fuerza y la muerte, y se posa en la cima del Árbol del Mundo y vigila los Nueve Mundos.

También se utilizaba como imagen del campo de batalla por su predilección por comer cadáveres.

## Madre Tierra

. . .

Madre Tierra era el nombre que recibía el espíritu femenino que protegía la tierra y a todos sus habitantes. Los vikingos rezaban a la Madre Tierra para obtener buen tiempo y buenas cosechas, así como alimentos y cobijo. La Madre Tierra también podía ayudar a mejorar la fertilidad de las mujeres y los hombres, especialmente los mayores.

## Halcones

El halcón, una de las aves más fuertes y clarividentes, era símbolo de fuerza y poder. El manto de plumas de halcón de Freyja otorgaba a su portador la capacidad de volar a los otros mundos.

## Fylgje

El fylgje era una especie de ángel de la guarda que seguía a cada individuo. El espíritu solía adoptar la forma de un animal, pero también podía ser humano. Acompañaba a la persona durante toda su vida y siempre era invisible, salvo cuando estaba a punto de morir. Cuando el fylgje aparecía, era un presagio personal de la muerte que nadie más podía ver. Tras la muerte, el fylgje pasaba a otro miembro de la familia.

. . .

## Caballos

El caballo era muy utilizado por los nórdicos para el trabajo, la guerra y el transporte. Se consideraba un símbolo de fuerza y trabajo duro.

## Landvættir

Estas criaturas, también conocidas como brujos de tierra, protegían hogares, granjas, aldeas o incluso países enteros.

Los vikingos procuraban no asustarlos y les daban sacrificios de comida y agua para mantenerlos fuertes. Los Landvættir no tenían una forma uniforme; cada uno era diferente dependiendo de a quién y qué protegía. Algunos eran simplemente invisibles.

## Mead

El hidromiel era una bebida alcohólica muy apreciada por el paladar vikingo. Básicamente miel fermentada, agua y diversas hierbas, era también la bebida favorita de los dioses.

## Roble

El roble, el árbol más grande de los bosques que cubren Escandinavia, era sagrado para Thor. El roble era también uno de los árboles presentes en la formación de los Nueve Mundos, pero no uno de los que los vikingos parecen haber favorecido, quizá porque era relativamente difícil de elaborar artesanalmente.

## Cuervos

El cuervo era el símbolo del dios Odín, que tenía dos cuervos, Huginn (pensamiento) y Muninn (mente). Los cuervos solían considerarse presagios de muerte inminente o desastre inminente.

## Völva

Una völva era una vidente o mujer sabía que podía ver el futuro. Los vikingos temían a estas mujeres, pero al mismo tiempo estaban dispuestos a pagar por sus predicciones. Por ello, rara vez permanecían mucho tiempo en un mismo lugar, sino que se desplazaban para poder vivir felices y seguros.

## Asatru

Asatru es una religión moderna basada en creencias nórdicas y germánicas precristianas. Asatru se basa en los registros supervivientes de estos sistemas de creencias, y sus seguidores intentan mantenerse lo más cerca posible de la religión del pueblo nórdico original.

Asatru significa "creencia en el señor" y, en última instancia, se refiere a los dioses nórdicos. Desglosado, Asatru se compone de "asa", el posesivo de sir, que significa Aesir, y "tru", que es religión o creencia.

En 1972, Asatru fue reconocida como religión legítima en Islandia gracias a los esfuerzos del poeta Sveinbjörn Beinteinsson. Desde entonces, se ha extendido por los antiguos países nórdicos, así como por Norteamérica y Europa.

. . .

Mientras que muchas cepas del neopaganismo se han corrompido con creencias homófobas, sexistas, racistas y antisemitas, Asatru ha tenido la suerte de evitarlo. De hecho, sus practicantes están firmemente en contra del racismo y otros prejuicios. Muchos grupos Asatru incluso tienen estas normas escritas en sus estatutos, rechazando toda forma de discriminación basada en la orientación sexual, raza, nacionalidad, idioma, género, etnia u otros criterios divisivos.

Los adeptos del Asatru, conocidos como Asatruars, son politeístas.

Creen que hay tres razas principales de deidades que viven entre nosotros y participan en la vida humana. Éstas no son otras que los Aesir, los Vanir y los Jötnar. Los asatruars adoran a muchos de los mismos dioses y diosas de los que hemos hablado antes, sobre todo a Thor, Odín, Freyr, Freyja, Frigg, Skaði y Ēostre. También honran a los espíritus de la tierra conocidos como Landvættir.

Los Asatruars norteamericanos han elaborado una lista de Nueve Nobles Virtudes: perseverancia, autosuficiencia, laboriosidad, hospitalidad, disciplina, fidelidad, honor, verdad y valor. Conceden gran importancia a la familia.

. . .

Su historia de origen es la misma que la de los vikingos: Odín, Vili y Vé crearon los primeros pueblos, Ask y Embla, de los que descienden todos. Ríg, una deidad que puede ser sinónimo de Heimdallr, creó las distintas clases sociales. Los asatruars creen que los dioses nos otorgaron un don de éxtasis, llamado óð, que separa a las personas de los demás animales y nuestro vínculo eterno con los dioses.

Mientras que las religiones dominantes enseñan que una persona irá al cielo o al infierno en función de cómo haya vivido su vida, los Asatruar creen que hay varios lugares en el más allá. Los guerreros y otros individuos heroicos van a Fólkvangr, el campo de Freyja. Aquí es donde todos quieren ir.

La mayoría, sin embargo, acaba en el reino neutral de Helheim, mientras que los que rompen juramentos y otras personas deshonrosas son consumidos por Níðhöggr.

Dicho esto, muchos Asatruars no se toman los mitos nórdicos tan al pie de la letra. Algunos esperan reencarnarse en su línea familiar, mientras que otros sostienen que los muertos sólo habitan sus tumbas. Sin embargo, en general sí creen en el concepto del Ragnarök: Tras la gran batalla del fin del mundo, quedarán un hombre y una mujer para repoblar la Tierra y volver a empezar el ciclo.

---

# Conclusión

---

Los vikingos han tenido un impacto significativo en la sociedad moderna, y su relevancia puede apreciarse de varias maneras:

La lengua: La influencia de los vikingos en la lengua inglesa es significativa. Palabras como "berserk", "freckle", "knife", "ragnarok" y "thor" tienen su origen en el nórdico antiguo.

El impacto del nórdico antiguo en el inglés también se aprecia en los topónimos de las Islas Británicas, como Grimsby, Scunthorpe y Whitby.

Historia: Los vikingos son famosos por sus habilidades marineras y sus conquistas de Inglaterra, Escocia, Irlanda y partes de Francia. Sus viajes de exploración llegaron hasta Norteamérica, mucho antes del descubrimiento por Colón.

En la actualidad, historiadores, arqueólogos y antropólogos siguen estudiando la época vikinga, ya que permite comprender mejor las estructuras políticas, sociales y económicas de la época.

La cultura: La cultura vikinga sigue cautivando la imaginación de la gente de todo el mundo. Su mitología, que incluye dioses como Odín, Thor y Loki, ha inspirado innumerables libros, películas y programas de televisión.

También son populares el arte, la música y la moda de inspiración vikinga, sobre todo la música metal.

Herencia: La era vikinga tuvo un impacto significativo en la composición genética de varias poblaciones actuales. Estudios de ADN han revelado que los vikingos ejercieron una profunda influencia en la diversidad genética de regiones como las Islas Británicas, Islandia, Noruega y Suecia.

El turismo: Las atracciones y experiencias de temática vikinga son populares entre los turistas de todo el mundo.

En Escandinavia, los visitantes pueden explorar lugares vikingos como el Museo del Barco Vikingo de Oslo, la Fortaleza del Anillo Vikingo de Dinamarca y el Poblado

Vikingo de Birka (Suecia). Los festivales vikingos, las recreaciones y las aventuras de inspiración vikinga también son populares en muchos países.

En resumen, la relevancia de los vikingos en la era moderna puede verse en su impacto en la lengua, la historia, la cultura, el patrimonio y el turismo. El legado de la era vikinga sigue inspirando y fascinando a la gente hoy en día.